■ H. RENNER   ■ U. RENNER

LE FRANÇAIS DE
L'HÔTELLERIE ET DE LA RESTAURATION

CLE
international

Illustration et maquette : Peter Paul Lintner

© Österreichischer Bundesverlag, Vienne, Autriche 1991.
Édition originale 1987.
© CLE INTERNATIONAL 1992.
ISBN 2-19-033587-8 pour la version Française.

Sommaire

D : dialogue enregistré
DR : dialogue enregistré avec blancs sonores pour les réponses

Signification des symboles

	dialogue	Texte enregistré sur cassette
	dialogue et répétition	Texte enregistré sur cassette avec répétition
	activités orales	Questions — réponses
	mémorisation	Tableau récapitulatif
	texte et information	Texte et information
	activités écrites	Production de documents écrits
	textes	Textes facultatifs

Introduction

Le français de l'hôtellerie et de la restauration s'adresse à tous ceux qui souhaitent acquérir des connaissances en français pour leur formation ou leur évolution professionnelle dans ce secteur particulier. Il leur permettra :
• de faire face à des situations courantes
• de mieux maîtriser la communication écrite et orale à travers des activités de compréhension de documents et de production en situation
• de se préparer aux examens des Chambres de Commerce et d'Industrie.

L'ouvrage comprend pour chaque dossier (à l'hôtel - au restaurant - au bar - cours sur le vin) :
— des dialogues
— des tableaux récapitulatifs des principales structures et expressions ainsi que des minilexiques
— des activités orales (questions, répétition, mise en situation, jeux de rôle)
— des activités écrites
— des documents authentiques
— des textes d'information tirés de la presse française et permettant d'aller plus loin.

Cet ouvrage s'accompagne d'une cassette comprenant les dialogues dont certains sont enregistrés avec des pauses pour laisser à l'élève un temps de réponse ou de répétition.

PARIS

Hôtellerie

Au centre de Saint-Germain-des-Prés,
dans une rue calme à proximité
de Notre-Dame et des quais de Seine,
l'HOTEL RELAIS CHRISTINE
ancien cloître du XVIᵉ siècle,
vous offre la tranquillité
de ses 50 chambres et duplex
donnant sur jardin ou cour fleurie.
TV couleur, mini-bar et téléphone direct
dans chaque chambre.
Garage privé dans l'hôtel.

HOTEL

RELAIS CHRISTINE
★★★★

PARIS   HOTEL   PLACE DES VOSGES

PAVILLON DE LA REINE
★★★★

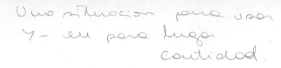

Una situación para usar
Y — eu para lugar
cantidad

1. A la réception

(premiers contacts)

 ## 1.1 Des clients de passage

Réceptionnaire : Bonjour, Monsieur.

Client : Bonjour. Est-ce que vous avez une chambre pour une personne ?

Réceptionnaire : Une personne … Ce sera pour combien de nuits ?

Client : Je pense rester 3 ou 4 jours.

Réceptionnaire : 3 nuits … Oui, j'ai une belle chambre au deuxième.

Client : C'est une chambre avec bain et W.-C. ?

Réceptionnaire : Non, je regrette, elle n'a qu'une douche, mais avec les toilettes à part.

Client : Ah, ça ne fait rien, une douche me suffit. La chambre est à combien ?

Réceptionnaire : Le prix de la chambre est de 250 F, toutes taxes comprises.

Client : C'est avec petit déjeuner, n'est-ce pas ?

Réceptionnaire : Non, Monsieur, le petit déjeuner n'est pas compris dans le tarif.

Client : Tant pis. Je n'ai pas le choix.

Réceptionnaire : Bon. C'est la chambre 216 au deuxième étage.

 ## 1.2 Des chambres réservées

Réceptionnaire : Bonjour, Madame. Bonjour, Monsieur. Je peux vous aider ?

Client : Oui, Monsieur. Nous avons réservé une chambre par téléphone.

Réceptionnaire : C'est à quel nom, s.v.p. ?

Client : Monsieur et Madame Pierrot.

Réceptionnaire : Une seconde. Ah, voilà, M. et Mme Pierrot, de Nantes. Vous avez la chambre 308, au troisième étage.

Cliente : Dites, Monsieur, la chambre ne donne pas sur la rue, j'espère.

Réceptionnaire : Non, Madame, il n'y a pas de bruit, elle donne sur le jardin. Il y a aussi un balcon avec vue sur les montagnes.

Cliente : Parfait !

Réceptionnaire : Avez-vous des bagages ?

Client : Oui, on a des valises dans la voiture, juste devant l'hôtel.

Réceptionnaire : On s'occupe de vos bagages tout de suite, Monsieur. Pour garer votre voiture vous avez un parking derrière l'hôtel.

Remarques :

1.3 L'hôtel en ville

Réceptionnaire : Messieurs ? Vous cherchez une chambre ?

Client : Oui. Vous en avez encore une pour deux nuits et pour deux personnes ?

Réceptionnaire : Je pense que oui … Voilà, il m'en reste trois. Deux petites et une grande qui est très confortable.

Client : Et le prix de ces chambres, Monsieur ?

Réceptionnaire : Celles-ci, ce sont les plus petites, se trouvent au 6ᵉ et elles sont à 350 F la nuit, et l'autre, au 5ᵉ, est un peu plus chère évidemment.

Client : On peut monter voir les chambres ?

Réceptionnaire : Mais bien sûr, Messieurs. Lesquelles voulez-vous voir, celles du 6ᵉ ou celle du 5ᵉ ?

Client : Toutes les trois, si possible.

Réceptionnaire : Alors, suivez-moi, s.v.p. On va prendre l'ascenseur.

Au 5ᵉ :

Réceptionnaire : Regardez, Messieurs, c'est une belle chambre à deux lits, pour deux personnes. Elle est très confortable et elle a une belle salle de bains avec douche et baignoire et même W.-C. séparés.

Pour travailler vous avez ici un bureau. En plus, vous avez à votre disposition un téléviseur, un poste de radio et un téléphone avec ligne directe, ainsi qu'un mini-bar avec toutes sortes de boissons.

Client : Oui, oui, Monsieur, c'est vrai. Elle est belle. Mais quel est le prix ?

Réceptionnaire : Bon, le prix est de 600 F par jour pour deux personnes, toutes taxes comprises.

Client : Oh ! On peut monter voir celles du 6ᵉ ?

Réceptionnaire : Venez, s.v.p.

Au 6ᵉ :

Réceptionnaire : Après vous, Messieurs. Vous voyez, c'est une belle chambre aussi.

1ᵉʳ Client : Elle est beaucoup moins grande que l'autre. Mais le lit est aussi confortable que celui de l'autre chambre. Il y a une baignoire aussi ?

Réceptionnaire : Non, Monsieur, mais ici, à droite, vous avez une petite salle de bains avec douche et W.-C.

1er Client : Parfait. Mais il y a du bruit ici ! Ah, cette chambre donne sur la rue.

Réceptionnaire : L'autre, en face, est plus tranquille, elle donne sur la cour. Venez voir.

2e Client : En effet, la cour est beaucoup moins bruyante que la rue. Et les lits sont aussi grands que ceux des autres chambres.

Réceptionnaire : Alors, Messieurs ?

Client : On prend celle-là. C'est la plus petite, mais c'est la moins chère et en plus il y a moins de bruit ici que dans toutes les autres chambres.

Réceptionnaire : Bon, Messieurs. Voulez-vous me laisser vos passeports ou vos cartes d'identité pour remplir les fiches de voyageur ? Dans dix minutes ce sera fait.

Client : Oui, volontiers. A tout à l'heure, Monsieur. Au revoir.

Réceptionnaire : A tout à l'heure, Messieurs.

Remarques :

 Description d'une chambre d'hôtel ou d'un appartement

La nature de la chambre

C'est une chambre	individuelle (single) double twin		
	pour	une personne deux personnes	
	à	un grand lit (un lit double) lits jumeaux	
		un seul lit deux lits	
	avec (sans)	lit	supplémentaire d'appoint

Le confort de la chambre

C'est une belle chambre	calme tranquille confortable ensoleillée	avec	salle de bains (privée)/cabinet de toilette avec douche, baignoire, lavabo, (de) l'eau chaude W.-C. particuliers/à part
			douche salle de bains à l'étage W.-C.
La chambre dispose de La chambre offre			coin-cuisine (kitchenette) téléphone (en ligne directe) télévision mini-bar balcon, terrasse
			tout confort
L'appartement comprend deux chambres, salle de bains, vestibule etc.			

10

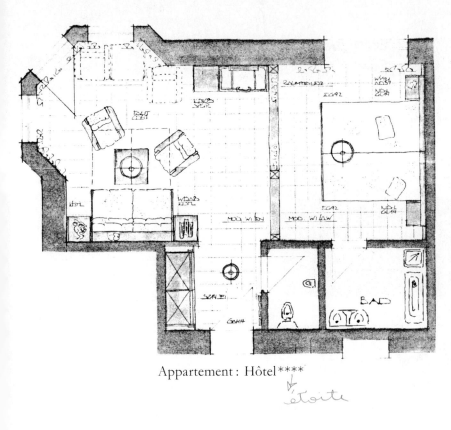

Appartement : Hôtel****

étoile

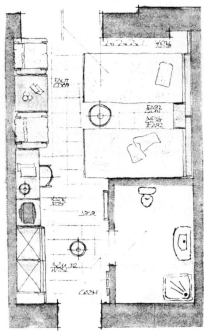

Chambre : Hôtel**

La situation de la chambre

C'est une chambre qui est La chambre est		situe exposée	au sud, au nord à l'est, à l'ouest côté lac/montagnes *au lado del lago o de la montaña*
La chambre est orientée			*hacia* vers la mer/le parc
La chambre donne		sur	un grand jardin, le parc le lac
C'est une chambre	qui donne donnant		les montagnes l'avenue, le boulevard la forêt *bosque* **bois**
C'est une chambre avec (une belle) vue			la cour (intérieure) *patio* le devant, l'arrière *fronte controfronte.*

Le prix de la chambre

si eleva a.

Le prix de la chambre	*am* en	pension complète demi-pension	est de s'élève à *eleva*	300 F	par personne et par jour pour deux personnes et par jour
,	T.T.C. (= toutes taxes comprises) service et toutes (les) taxes compris				
et s'entend toutes taxes comprises.					

Travaillez avec les schémas : Décrivez en détail les deux chambres et comparez-les.

Christian LAPIERRE
27, rue des roses
44000 NANTES

Nantes, le 4 janvier

Monsieur,

J'ai l'intention de me rendre à plusieurs reprises dans votre ville pour de courts séjours dans les mois à venir.
Je souhaiterais :
— connaître vos tarifs pour une chambre confortable avec bain et wc
— recevoir des informations détaillées sur votre hôtel, sa situation en ville, ses installations.

En vous remerciant, veuillez agréer, monsieur, l'expression de mes sentiments les meilleurs

Lapierre

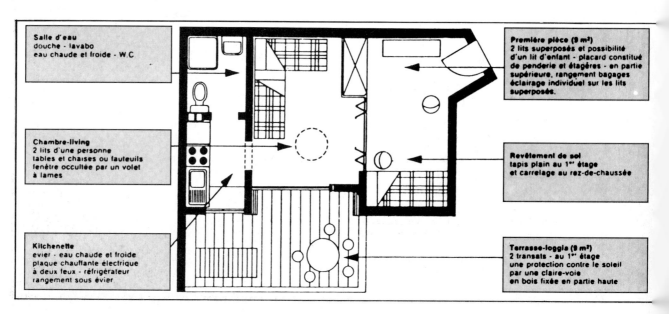

Salle d'eau
douche - lavabo
eau chaude et froide - W.C

Chambre-living
2 lits d'une personne
tables et chaises ou fauteuils
fenêtre occultée par un volet
à lames

Kitchenette
evier - eau chaude et froide
plaque chauffante électrique
à deux feux - réfrigérateur
rangement sous évier

Première pièce (9 m²)
2 lits superposés et possibilité
d'un lit d'enfant - placard constitué
de penderie et étagères - en partie
supérieure, rangement bagages
éclairage individuel sur les lits
superposés.

Revêtement de sol
tapis plain au 1er étage
et carrelage au rez-de-chaussée

Terrasse-loggia (9 m²)
2 transats - au 1er étage
une protection contre le soleil
par une claire-voie
en bois fixée en partie haute

Description d'un hôtel
(formule « passe-partout »)

1. *Situé*
   — au centre-ville (en plein centre)
   — dans un cadre boisé
   — face aux montagnes
   — face à une chaîne de montagnes
   — au bord d'un petit lac
   — dans une région extrêmement tranquille (situé au calme)
   notre hôtel vous garantit un séjour agréable.

2. La plupart
   Une grande partie
   La moitié   *de nos ... chambres*
   Une quinzaine

3. *sont équipées de*
   — salle de bains (avec baignoire, douche)
   — W.-C.
   — coin-cuisine (kitchenette)
   — téléphone, téléviseur
   — mini-bar
   — balcon, terrasse
   sont équipées tout confort

Hôtel ★ ★
EXCELSIOR
2, Rue Geoffroy Marie
75009 **Paris**
Tél. 770.49.05
770.49.06
Métro Montmartre

Situé au centre des affaires et des spectacles, à 2 pas des Folies Bergères et des grands Boulevards, l'HOTEL EXCELSIOR vous offre 35 chambres confortables avec ou sans bain à prix modérés. Parking à 100 mètres de l'Hôtel.

Hôtel ★★
Restaurant
L'IDÉAL

Dans un quartier très calme, à quelques minutes de la plage et du centre de Quiberon, proche de l'Institut de Thalassothérapie, l'Hôtel A l'Idéal vous propose le confort de ses 50 chambres entièrement équipées (téléphone direct réseau).

Dans le centre de Quiberon, à proximité du port et à deux pas de la plage, l'Hôtel des Druides est le lieu idéal pour passer des vacances en famille.
Vous apprécierez le confort de ses 30 chambres entièrement équipées et desservies par ascenseur. 12 bénéficient d'une loggia avec vue sur l'océan.
Au restaurant, vous dégusterez une cuisine traditionnelle principalement à base des produits de la mer.

13

1.4 Fiche de voyageur (fiche d'accueil)

Client : Vous avez une chambre pour cette nuit ?

Réceptionnaire : Pour combien de personnes ?

Client : Pour moi seul.

Réceptionnaire : Oui, Monsieur. J'en ai encore une au 2ᵉ étage.

Client : Bon, retenez-moi cette chambre, s.v.p. Je suis tombé en panne avec ma voiture et il faut que je passe la nuit ici.

Réceptionnaire : Voulez-vous remplir la fiche de voyageur, s.v.p. ?

Client : Est-ce bien nécessaire ?

Réceptionnaire : Oui, Monsieur, c'est une formalité obligatoire. Il faut la remplir…
Voilà. Oui, votre nom, date de naissance, adresse, etc.
Le numéro de votre carte d'identité, bien, et vous signez ici, s.v.p.
Voilà la clé de votre chambre. Vous avez déjà trouvé un garage pour faire réparer votre voiture ?

Client : Oui, merci. Le garagiste du coin m'a promis de la réparer avant demain midi.

Remarques :

_____

_____

_____

_____

_____

_____

_____

_____

_____

_____

NOM : _____
Name in capital letters   (écrire en majuscules)
Name (in Druckschrift)

Nom de jeune fille : _____
Maiden name
Mädchen Name

Prénoms : _____
Christian names
Vorname

Né le : _____ à _____
Date and place of birth
Geburtsdatum · Geburtsort

Département : _____
(ou pays pour l'étranger)
Country · Für Ausländer Angabe des Geburtslandes

Profession : _____
Occupation
Beruf

Domicile habituel : _____
Permanent address
Gewöhnlicher Wohnort

NATIONALITÉ
Nationality
Nationalität

T.S.V.P.   (Please turn over · Bitte wenden)

Nombre d'enfants de moins de 15 ans

accompagnant le chef de famille : _____
Accompanying children under 15
Zahl der Kinder unter 15 Jahren die den Familienvorstand
begleiten

PIECE D'IDENTITE PRODUITE

Nature : _____

Pour les étrangers seulement
(For aliens only) · (Nur für Ausländer)

CARTE D'IDENTITÉ OU PASSEPORT
CERTIFICATE of IDENTITY or PASSPORT
(cross out word not available)
AUSWEIS · PASS

Nº _____ **délivré le** _____
Issued on · Ausgestellt den

à _____ **par** _____
at   by
in   durch

Date d'entrée en France _____
Date of arrival in France
Datum der Einreise in Frankreich

_____ , **le** _____

Signature :
Unterschrift

Madame Cécile HUMBERT
19, rue de Paris
95400 Montmorency

Montmorency, le 1ᵉʳ mars 91

Monsieur,

Mon ami Jean Duprès, qui a passé le mois d'août à l'hôtel des mouettes l'an dernier, m'a vivement conseillé d'y venir cette année pour mes vacances du 1ᵉʳ au 31 juillet.
Si vous avez encore des chambres disponibles pour cette époque, auriez-vous l'obligeance de me décrire vos conditions de pension pour deux adultes et deux enfants (4 et 6 ans). Il me faudrait deux chambres communicantes de préférence - avec douche ou salle de bains si possible - l'une avec un lit à deux places, l'autre avec deux lits à une place.
Pourriez-vous m'indiquer le prix exact de la pension, taxes, TVA et service compris, et le montant des arrhes que je devrais vous verser ?
Nous souhaiterions, bien sûr, que ces deux chambres aient vue sur la mer.
Dans l'attente de votre réponse, je vous prie d'agréer, monsieur, l'assurance de mes sentiments distingués.

Cliente : Monsieur, auriez-vous encore une chambre de libre pour cette nuit ?

Réceptionnaire : Je vais voir, Madame. Il me reste une seule chambre. C'est pour une personne ?

Cliente : Non, pour deux personnes.

Réceptionnaire : Alors, je suis désolé, Madame, vous savez, il y a un congrès du Parlement Européen en ville et toutes les chambres sont prises.

Cliente : Il n'y a pas moyen de mettre un lit supplémentaire ?

Réceptionnaire : Non, Madame, c'est impossible. La chambre est toute petite et il n'y a pas de place pour un lit d'appoint.

Cliente : Tant pis, on va demander sur la route.

Réceptionnaire : Oui, Madame, vous trouverez certainement quelque chose. Je regrette, au revoir.

Cliente : Au revoir.

Remarques :

_____
_____
_____
_____
_____
_____
_____
_____
_____

COMPLET

Marc LEGER
12 rue de la Harpe
75005 PARIS

Paris, le 2 août 1991

Monsieur,

Devant passer à Strasbourg la nuit du 25.26 septembre, je vous serais reconnaissant de bien vouloir me réserver une chambre sur cour, pour une personne avec douche ou salle de bains.

Si toutefois vous n'aviez plus rien de disponible pour cette date auriez-vous l'obligeance de m'indiquer un hôtel analogue au vôtre où je pourrais trouver à me loger ?

Avec mes remerciements, je vous prie de croire, Monsieur, à mes salutations distinguées

M. Leger

---

a - Toutefois, s'il était possible de repousser la date de vos vacances d'une semaine,

b - Étant donné l'affluence de visiteurs,

c - Cher Monsieur,

d - Encore une fois, nous sommes désolés de ne pouvoir vous donner entière satisfaction à la date voulue ;

e - Nous pourrions mettre à votre disposition les chambres désirées.

f - Nous vous prions d'agréer, Monsieur, l'expression de nos sentiments distingués.

g - Nous regrettons vivement de vous informer que toutes nos chambres sont occupées pour la période indiquée.

h - Nous vous remercions de votre aimable lettre du 12 octobre.

i - Nous espérons cependant vous accueillir du 10 au 25 août dans notre hôtel.

1.6 Questions et renseignements du réceptionnaire :

Réceptionnaire	Client

L'arrivée :

— Bonjour, Madame. Bonjour, Monsieur.
— Vous désirez ? Que désirez-vous ?
— Je peux vous aider ?
— Qu'est-ce que je peux faire pour vous ?

— Avez-vous une chambre de libre ?
— Je cherche une chambre.
— Est-ce que vous avez une chambre pour cette nuit ?
— Est-ce qu'il vous reste une chambre de libre ?

Questions sur le nombre de personnes :

— Pour combien de personnes ?
— Pour une seule personne ?

— Pour moi et ma femme/mes enfants/mon ami …
— Pour une personne.
— Pour moi seulement.

Questions sur la durée du séjour :

— Ce sera pour combien de nuits ?
— Pour combien de temps voulez-vous la chambre ?
— Combien de jours voulez-vous rester ?
— Combien de jours avez-vous l'intention de rester ?

— Je voudrais rester une semaine/trois jours …
— Je voudrais la chambre pour la période du … au …
— Nous repartons vendredi matin.

Réponse négative :

Je regrette, Monsieur/Je suis désolé(e),
— mais il n'y a pas de chambre libre pour l'instant
— mais il n'y a plus de chambre avec salle de bains
— mais toutes les chambres sont prises/occupées/
réservées
— mais nous sommes complets/l'hôtel est complet
(depuis 2 jours)
— il ne me reste aucune chambre libre.

Réponse positive :

— Oui, c'est possible.
— Je pense que oui.
— Un instant, Monsieur, je regarde …
— Voilà, j'ai une belle chambre au 3e étage. Il y en a
encore une autre au 1er étage.
Est-ce que je peux vous montrer la chambre ?

— Suivez-moi, s.v.p./Venez avec moi, s.v.p.
— On va prendre l'ascenseur./Voilà l'ascenseur.

— Oui, Monsieur, s.v.p.
— Je peux voir la chambre au 3e étage ?

Présentation de la chambre :

— Voilà, Monsieur, regardez ! C'est une belle
chambre …
(voir « Description d'une chambre d'hôtel »)

Prix :

— Quel est le prix de la chambre ?
— C'est une chambre à combien ?
— Elle est à combien ?

— 177 francs la nuit, Monsieur.
— Le prix de la chambre est de 200 F par personne
et jour.

Réceptionnaire	Client
— Le prix s'élève à 224 F, y compris le service et toutes les taxes.	
— Le prix de ... F comprend service et toutes taxes.	
— Le prix comprend petit déjeuner/demi-pension/ pension complète, TTC.	
— C'est un prix net, service et taxes compris, mais sans petit déjeuner.	

Réservation :

	— Bon, je prends la chambre.
	— D'accord, je la prends.
— Bon, Monsieur, voudriez-vous remplir cette fiche, s.v.p.	
— Pardon, Monsieur, mais j'ai besoin de votre passeport pour remplir les fiches.	
— Votre passeport/votre carte d'identité, s.v.p.	
— Signez ici, s.v.p.	
— Voilà la clé de la chambre./Voilà votre clé.	

Bagages :

— Avez-vous des bagages ?
— On s'occupe de vos bagages.
— Le chasseur va les prendre (chercher).
— Garçon, montez les bagages de Monsieur.
— On vous conduira ensuite à votre chambre.
— On vous accompagne tout de suite et on monte vos bagages.

HOTEL RITZ

PARIS

15, place Vendôme, 75041 Paris Cedex 01
Téléphone : (1) 42 60 38 30
Câble : Ritzotel - Paris
Télex réservations : 670 112 RITZRES
Télex messages 211 189 RITZ MSG
220 262
Télefax (1) 42 60 23 71
SIRET 775 749 997 00042

TARIF
applicable à partir du 1er janvier

Les prix varient selon les dimensions et la situation des chambres ou appartements qui présentent tous, cependant, le même luxe et le même confort.

Arrivées matinales et départs tardifs

Les chambres et appartements demandés à être occupés avant midi devront être nécessairement réservés dès la veille.

Les clients sont priés, le jour de leur départ, de libérer leurs chambres ou appartements avant 13 h, afin d'éviter que ceux-ci ne leur soient comptés pour la nuit suivante.

Automobile à l'arrivée

Sur demande expresse de la part des clients, une voiture privée avec chauffeur peut être envoyée à leur rencontre, soit à la gare, soit à l'aéroport. Ce service est facturé en sus.

RESERVATIONS

Les réservations peuvent être faites soit directement, soit par l'intermédiaire de nos représentants :

The Leading Hotels of the World
747 Third Avenue
NEW YORK, NY 10017-2847
Tél. : (212) 838-7874
Télex : 420444 - 237158

Des clients de passage

A. Préparez les réponses aux questions ci-dessous

1. Qu'est-ce que le client désire?
2. Quel type de chambre veut-il?
3. Pour combien de temps?
4. Quelle chambre est-ce que le réceptionnaire propose?
5. Quel est le prix de la chambre et qu'est-ce qui est compris dans le tarif?

B. Redites le dialogue

C. Transformez le dialogue en changeant le nombre de personnes, l'équipement de la chambre, le numéro et l'étage, le prix et les conditions de tarif.

Des chambres réservées

A. Préparez les réponses aux questions ci-dessous

1. Quelle est la situation?
2. Que demande le réceptionnaire?
3. Quelle chambre est-ce que la cliente a réservée?
4. La cliente pose une question sur la situation de la chambre; laquelle?
5. Décrivez la situation de la chambre.
6. Les clients ont des bagages? Où sont-ils?
7. Que propose le réceptionnaire au sujet de la voiture?

B. Redites le dialogue

C. Transformez le dialogue en changeant les personnages, la forme de réservation, le numéro et la situation de la chambre.

L'hôtel en ville

A. Préparez les réponses aux questions ci-dessous

1. Qui entre dans le hall? Qu'est-ce qu'ils désirent?
2. Quelles chambres sont disponibles à l'hôtel?
3. Pourquoi est-ce qu'ils prennent l'ascenseur?
4. Décrivez l'équipement de la chambre au 5e étage.
5. Décrivez la première chambre au 6e étage.
6. Décrivez les 2 chambres au 6e étage. Comparez-les aussi avec celle du 5e.
7. Quel est l'avantage de la dernière chambre?
8. Que demande le réceptionnaire? Pourquoi?

B. Redites le dialogue

C. Transformez le dialogue en changeant le nombre de personnes, la situation, l'équipement et le prix des chambres.

D. Écrivez
Rédigez la réponse à la lettre de M. Lapierre (p. 12), client éventuel de votre hôtel.

Fiche de voyageur

A. Préparez les réponses aux questions ci-dessous

1. Pourquoi est-ce que le client descend à cet hôtel?
2. Qu'est-ce qu'il demande à la réceptionnaire?
3. Que demande la réceptionnaire au client? Pourquoi est-ce qu'elle insiste?
4. Que fait le client avec sa voiture?
5. Quand est-ce qu'il pense partir?

B. Redites le dialogue

C. Situation
Vous travaillez dans un hôtel de votre pays et vous demandez à votre client français les renseignements pour remplir sa fiche de voyageur.

D. Écrivez
Rédigez la réponse positive à Mme Humbert.

Plus de chambres disponibles

A. Préparez les réponses aux questions ci-dessous

1. Que fait le réceptionnaire en disant « Je vais voir . . . »?
2. Il n'y a aucune chambre?
3. Pourquoi est-ce que toutes les chambres sont prises?
4. La dame se contente de la réponse?
5. Pourquoi l'employé refuse-t-il la proposition de la dame?

B. Redites le dialogue

C. Transformez le dialogue en changeant le nombre de personnes, le nombre de chambres libres, la raison de l'affluence de visiteurs, la proposition faite pour arranger la situation.

D. Écrivez
Rédigez la réponse négative de l'hôtelier à la demande de Marc Léger (p. 15) en y apportant une solution.

La lettre dactylographiée (p. 15) a été rédigée par un hôtelier en réponse à la demande d'un client. Les paragraphes ont été mis dans le désordre. A vous d'en rétablir l'ordre.

2. Au téléphone

 ## 2.1 Réservation par téléphone

Réceptionnaire : Hôtel de France, réception. Bonjour.

Cliente : Allô, ici Madame Pruneau.

Réceptionnaire : Oui, Madame. J'écoute.

Cliente : Je vous appelle pour une réservation.

Réceptionnaire : Ce serait pour quelle période, Madame ?

Cliente : Pour les vacances de Pâques. C'est pour une famille avec deux enfants. Alors deux chambres avec une porte de communication, si possible.

Réceptionnaire : Bon, ce n'est pas facile. Quand pensez-vous arriver ?

Cliente : Le vendredi 22 mars et nous aimerions rester jusqu'au 1er avril.

Réceptionnaire : Madame, j'ai deux chambres communicantes …

Cliente : Parfait !

Réceptionnaire : … mais elles ne sont disponibles qu'à partir du 24. Si vous pouviez retarder vos vacances de 2 jours vous pourriez rester jusqu'à mardi, le 3 avril.

Cliente : On va y réfléchir, Monsieur. Merci, au revoir.

Réceptionnaire : Oui, Madame. Mais n'attendez pas trop longtemps. On reçoit beaucoup de demandes pour Pâques.

Quelques jours plus tard :

Réceptionnaire : Hôtel de France. J'écoute.

Cliente : Bonjour, Monsieur. Je vous appelle pour les 2 chambres pour Pâques. Vous vous rappelez ?

Réceptionnaire : Bien sûr, Madame.

Cliente : On a décidé de partir 2 jours plus tard et de rester jusqu'au 3 avril. Quelles sont vos conditions de séjour ?

Réceptionnaire : A Pâques, nous sommes en haute saison et nos tarifs s'entendent par chambre et jour. Le prix des deux chambres communicantes en demi-pension, toutes taxes comprises, est de 900 F.

Cliente : Bon, c'est d'accord. Réservez, s.v.p. au nom de Monsieur et Madame Pruneau de Nancy.

Réceptionnaire : B-R-U-N-O-T ? Ça s'écrit avec un -T- à la fin ?

Cliente : Ah, non, Monsieur. Comme un pruneau. P comme Pierre, R-U-N-E-A-U.

Réceptionnaire : Ah, bon. De Nancy vous dites ? …

Cliente : Oui. Je dois vous envoyer un acompte ?

Réceptionnaire : Non, Madame, ce n'est pas nécessaire. Il nous faut simplement une confirmation écrite.

Cliente : Je vous l'envoie tout de suite. Au revoir, Monsieur.

Réceptionnaire : Au revoir, Madame, merci.

Remarques :

Quelques abréviations internationales pour planning d'hôtel.	
SB	= chambre à un lit (Single Bed)
DB	= chambre à un grand lit (Double Bed)
TB	= chambre à deux lits jumeaux (Twin Bed)
TrB	= chambre à trois lits (Triple Bed)
Appt	= appartement

19

Pour bien se comprendre les noms s'épellent :

A ... Anatole	G ... Gaston	N ... Nicolas	U ... Ursule
B ... Berthe	H ... Henri	O ... Oscar	V ... Victor
C ... Célestin	I ... Irma	P ... Pierre	W ... William
D ... Désiré	J ... Joseph	Q ... Quintal	X ... Xavier
E ... Eugène	K ... Kléber	R ... Raoul	Y ... Yvonne
E ... Emile	L ... Louis	S ... Suzanne	Z ... Zoé
F ... François	M ... Marcel	T ... Thérèse	

 Lisez les numéros de téléphone suivants :

a) 51 07 17   b) 35 69 15   c) 97 12 22   d) 84 40 14   e) 41 72 999

Ecoutez la cassette et notez les numéros de téléphone suivants :

a) _____   c) _____   e) _____   g) _____   i) _____

b) _____   d) _____   f) _____   h) _____   j) _____

 ## 2.2 La réservation électronique dans l'hôtellerie

Conception :

Un tel système comprend en général 3 départements : le centre de réservation, l'hôtelier et le client. Le tout est relié à un réseau de transmission spécialement conçu.

Centre de réservation :

Ces centres ont deux fonctions : être à la disposition des clients pour effectuer leurs réservations et permettre à l'hôtelier de présenter ses offres et de modifier son contingent de base.
Les renseignements ou données de base fournis par un hôtel sont programmés dans l'ordinateur. Celui-ci reçoit aussi les modifications de prix, adresses, facilités, etc.

Clientèle :

Dans tous les pays affiliés, le département « client » est chargé de prendre contact avec les organisateurs de voyages, les compagnies aériennes, les offices du tourisme, les agences de voyages, les grandes entreprises, etc. Il propose à ces clients potentiels d'effectuer leurs réservations par téléphone ou par télex.

Hôtelier :

L'hôtelier intéressé par une collaboration avec le système électronique est contacté par le centre de réservation qui enregistre les données fixes (adresse, numéro de téléphone et de télex, date de fermeture, haute saison, basse saison, installations, etc.) ainsi que les données qui peuvent être modifiées instantanément (contingent de chambres d'une réservation).

Déroulement d'une réservation :

Le futur client téléphone à un centre de réservation pour demander une chambre dans la localité où il désire se rendre. L'ordinateur donne le nom des hôtels qui ont des chambres disponibles et le client peut alors faire son choix.

Travaux à la réception de l'hôtel :

A la réception, on veillera à ce que, dans le planning, les chambres qui ont été mises à la disposition du système de réservation soient effectivement disponibles. Si l'on prévoit déjà quelques mois à l'avance des périodes complètes (séminaires, congrès, etc.), le réceptionnaire devra immédiatement avertir le centre de réservation pour que l'opératrice puisse « fermer » ou diminuer le contingent de chambres enregistré.

Paiement :

Le client ne payera pas ce service, mais c'est à l'hôtelier de verser au centre de réservation une commission variant selon le type de chambre et la durée du séjour.

 Il y a beaucoup de systèmes de réservation.
— Étudiez la publicité ci-dessous
— discutez les avantages ou inconvénients d'une affiliation au système électronique de réservation.

Pourquoi Best-Western?

Il y a de bonnes raisons pour que Best-Western soit devenu le plus grand consortium hôtelier mondial, avec un millier d'hôtels de plus que nos plus proches concurrents.

Partout, vous feriez connaissance avec les hôtels les plus typiques de chaque pays. Dans la plupart des grandes villes, vous pouvez choisir entre plusieurs Best-Western de catégories différentes, offrant tous le meilleur rapport qualité-prix. Et partout vous bénéficierez de notre système de réservations international.

Le système de réservations Best-Western.

Nous pouvons affirmer qu'il est l'un des premiers du monde. Avec des terminaux dans la plupart de nos hôtels et une liaison par satellite entre l'Amérique, l'Europe, l'Australie et Nouvelle-Zélande, vos réservations peuvent être confirmées en quelques secondes.

Le système fonctionne 24 heures par jour et 365 jours par an.

Mais malgré sa perfection, il ne saurait constituer le facteur décisif de votre choix d'un Best-Western. Ce facteur décisif, c'est la qualité et la diversité de nos 3.000 hôtels.

Comme on fait son lit on se couche

Les avantages particuliers de Best Western

1.

Nos clients peuvent choisir entre 3.000 bons hôtels à travers le monde.

2.

Dans la plupart des grandes villes, nos clients peuvent choisir entre plusieurs hôtels de catégories différentes.

3.

Chaque Best-Western présente un excellent rapport qualité-prix.

4.

Chaque Best-Western appartient à un hôtelier professionnel indépendant et offre les caractères les plus typiques de son pays.

5.

Votre réservation dans un Best-Western est confirmée en quelques secondes, même pour un établissement situé dans un autre pays ou un autre continent.

6.

Etre différent, c'est notre atout maitre.

Conditions de réservation

Les chambres réservées sont maintenues normalement jusqu' à 18 h ou 19 h (heure locale). Pour les arrivées plus tardives il est nécessaire de garantir le paiement comme suit :
* Envoyer
— un dépôt d'agence de voyages
— une garantie de paiement de la société en question
— une garantie « carte de crédit ».
* Un retard éventuel doit être signalé par téléphone auprès de l'hôtel concerné, le jour même avant 19 h.
* Toute réservation non annulée sera facturée au client.

2.3 Prendre un message téléphonique (Au standard)

Employé : Allô, Hôtel du Parc, réception.

M. *Albéric :* Gérard Albéric à l'appareil. Je voudrais parler à Mademoiselle Larbaud, Michelle Larbaud.

Employé : Bien, Monsieur, ne quittez pas ! . . . Allô, le numéro n'est pas libre en ce moment, voudriez-vous rester en ligne un instant, j'essaie encore une fois.

M. *Albéric :* Non, non, écoutez ! Je ne peux pas attendre maintenant. Je rappellerai dans une demi-heure.

Employé : Est-ce que je peux transmettre un message de votre part ?

M. *Albéric :* Oui, dites à Mlle Larbaud que M. Albéric a téléphoné. Je suis encore en conférence au centre de congrès. J'arriverai plus tard — disons, vers 20 heures. J'aimerais qu'elle m'attende.

Employé : Oui, Monsieur, je lui transmettrai votre message.

1 heure plus tard :

M. *Albéric :* Ici Gérard Albéric. Pourriez-vous essayer encore une fois de me passer Mlle Larbaud ?

Employé : Oui, Monsieur, ne quittez pas. Un moment, je fais son numéro. On répond maintenant. Je vous passe la communication.

Mlle Larbaud : Allô !

M. *Albéric :* Ici Gérard. Comment allez-vous ? Je vous appelle parce que nous sommes toujours en conférence et après il sera trop tard pour aller au théâtre. Je regrette beaucoup, mais je ne peux pas faire autrement.

Mlle Larbaud : Oh, ça ne fait rien. On peut y aller demain. Je vous rappelerai vers midi au bureau. Ça vous va ?

M. *Albéric :* Oui, très bien. J'attendrai votre coup de fil vers une heure.

Mlle Larbaud : Entendu, à demain donc.

plus tard :

Mlle Larbaud : Allô, Monsieur. Ici Michelle Larbaud, chambre 143. J'avais une communication en préavis avec Lyon à 18 heures. Pouvez-vous l'annuler, s.v.p.
Mais, à la place, appelez-moi Grenoble, 24 97 32 32.

Employé : Je suis désolé, Mademoiselle, mais il y a de l'attente parce que toutes les lignes sont occupées. Mais je vous fais le numéro dès qu'il y aura une ligne de libre.
Raccrochez, s.v.p., je vous rappelle.

Mlle Larbaud : Non, attendez, ne coupez pas ! Essayez de le faire vers 19h30, et appelez-moi au poste 143.

Employé : Très bien, Mlle. Je ferai une note de service pour mon collègue. Je finis à 19 heures.

Remarques :

HÔTEL FUSIES

81230 LACAUNE
Tél : (63) 37.02.03 - 37.08.90
DATE *13 mars 19*
HEURE *18h15*

pour *Mlle Larbaud* N° de chambre *143*

PENDANT VOTRE ABSENCE

M./Mme./ *Albéric*

de

☒ a téléphoné vous prie de le(la) rappeler ☐
☐ est venu(e) rappelera ☐
 reviendra ☐

☒ a laissé le MESSAGE suivant : *En conférence, arrivera vers 20 heures Veuillez attendre*

CHÂTEAU DE LOCGUÉNOLÉ

★ ★ ★ ★

Route de Port-Louis   56700 HENNEBONT
Tél. 97.76.29.04   Télex : 950 636 CHATEL

VOTRE NUMÉRO DE POSTE : 3
Your room phone nr :

Comment téléphoner de votre chambre
How to phone from your room

▶ **APPELS INTÉRIEURS**
To call and inside number

Réception et Service en chambre   9
Reception desk and room service dial

Petit-Déjeuner en chambre   336
Breakfast in the room dial

Bar   340
Dial

Urgence de nuit   333
Night emergency dial

▶ **APPELS EXTÉRIEURS**
To call an outside number

Ligne extérieure, composer   0
To get an outside line dial

Rappel du dernier numéro composé   100
Automatic redial of last number

Appel direct Médecin généraliste   199
Doctor direct call

▶ **APPELS A L'ÉTRANGER**
Foreign call

Après le 0 et le 19, attendre une tonalité
After 0 and 19 wait each time for a dial tune

U.S.A. & CANADA	: 0. 19. 1
ANGLETERRE (U.K)	: 0. 19. 44
R.F.A. (GERMANY)	: 0. 19. 49
SUISSE	: 0. 19. 41
BELGIQUE	: 0. 19. 32
PAYS BAS (Netherlands)	: 0. 19. 31
AUTRICHE (Austria)	: 0. 19. 43
ESPAGNE	: 0. 19. 34

RELAIS &
CHATEAUX
Relais Gourmand

Grand-Park Hotel

A-5630 BAD HOFGASTEIN
Telefon 06432/6356-0 · Telex 67/756

Das ideale Gesundheitszentrum
The natural health resort
Le centre idéal pour la pleine forme

zu Ihren Diensten
At your service
A votre service

6 BAR 0
7 8 9

Pour téléphoner à l'extérieur de l'hôtel — en ligne directe — composez le «0» et vous entendrez la tonalité.
Faites alors le numéro demandé.

Indicatifs des pays étrangers suivants :

Belgique	....	0032
France	....	0033
Angleterre	....	0044

Italie	(avec 0 de la	....	04
Suisse	ville ou du	....	05
Allemagne	département)	....	06

Le prix de la communication est automatiquement enregistré à la caisse.
1 impulsion : 2 schillings.

Pour obtenir :

La réception	....	No. 9
Le bar	....	No. 7
Le service d'étage	....	No. 6
Le complexe thérapeutique avec piscine thermale	....	No. 8

23

2.4

Etablir le contact :

— Allô, ici .../... à l'appareil/j'écoute
— Je suis bien chez M./Mme/Mlle... (au 42 43 43 à Grenoble) ?
— C'est bien l'hôtel X.
— Vous m'entendez ?
— Je n'entends pas bien.
— Parlez plus haut, s.v.p., la ligne est mauvaise.
— En quoi puis-je vous être utile ?
— Je suis à votre service.
— Pourriez-vous rappeler, s.v.p. ?
— Je rappellerai.

Garder le contact :

— Restez en ligne, s.v.p.
— Ne quittez pas !
— Ne coupez pas !
— Veuillez attendre un petit instant, (je le cherche etc.)

Au standard :

1. Etablir le contact avec quelqu'un dans l'hôtel

— *Je voudrais parler à Monsieur ...*
— Ne quittez pas.
    Je vous le passe (— quelqu'un de la réception)
    Je vous mets en communication.
    Je vous passe la chambre.
    Vous êtes en ligne. Parlez !
— Le numéro n'est pas libre en ce moment.
— La ligne est occupée. Voulez-vous attendre ?
— Il y a de l'attente. Veuillez patienter, s.v.p.
— Voulez-vous que j'essaie encore une fois ?
— Ça ne répond pas.
— Est-ce que je peux transmettre un message ? (... faire une commission)
    Et c'est de la part de qui ?

2. Établir le contact à l'extérieur de l'hôtel :

— *Je voudrais parler à Monsieur ... de Toulon.*
— Vous avez son numéro ? — *Oui, c'est le 97 18 70.*
— Connaissez-vous aussi l'indicatif ? — *C'est le 94.*
— Raccrochez, s.v.p. Je vous appelle dès que j'ai le numéro.
— (A la réception) Ce serait dans la cabine 2, je vous prie.
    Attendez la sonnerie, puis décrochez.
— Vous avez le numéro ? — *Non, malheureusement pas.*
— Alors il faut que je demande aux renseignements.
— Je vous le cherche et vous rappelle pour savoir si c'est bien l'abonné à qui vous voulez parler.
— Veuillez patienter,
— Voulez-vous patienter, *je vous rappelle ...*

Terminer :

— Au revoir.
— Je raccroche.

Réservation par téléphone

A. Préparez les réponses aux questions ci-dessous :

1. Pourquoi est-ce que Mme Pruneau appelle l'Hôtel de France ?
2. Quelles chambres demande-t-elle et pour combien de temps ?
3. Est-ce qu'on a le type de chambre demandé ?
4. A quelle condition les chambres seront-elles disponibles ?
5. Est-ce que la cliente se décide tout de suite ?
6. Pourquoi l'employé demande-t-il une réponse rapide ?
7. Est-ce que la cliente appelle encore une fois ?
8. Quelle décision est-ce qu'elle a prise ?
9. Quels sont les tarifs ?
10. Le nom de la cliente s'écrit comment ?
11. Quelles sont les conditions de réservation ?

B. Redites le dialogue

C.

1. **Transformez** le dialogue en changeant le nombre de personnes, les chambres désirées, la période du séjour, le tarif, la condition de réservation.
2. Donnez une réponse négative.
3. Le client n'est pas satisfait des propositions qu'on lui fait.
4. Épelez les noms suivants :
   Farrère, Queneau, Mangin, Fricault, Foche-Deygalière, Vaugirat, Pergaud.

D. Écrivez

1. Vous êtes Mme Pruneau, confirmez par lettre votre réservation à l'Hôtel de France. « En confirmation de la communication du ... »
2. Vous êtes Mme Pruneau, envoyez un télex à l'Hôtel de France pour confirmer votre réservation. Rappelez la conversation téléphonique.
3. Vous êtes le réceptionnaire de l'Hôtel de France, remplissez le planning de réservations suite à l'appel de madame Pruneau.

La réservation électronique

A.

1. **Résumez le texte** et expliquez à un hôtelier ou à un client le fonctionnement du système électronique de réservation.
2. Parlez des avantages ou inconvénients du système.
3. Prenez différents exemples d'hôtels (différences de situation, de taille, de clientèle) et discutez les pratiques de réservation.

B. Étudiez la publicité de « Best Western » et faites oralement une campagne pour ce système de réservation.

Prendre un message téléphonique

A. Préparez les réponses aux questions ci-dessous :

1. Pourquoi est-ce que M. Albéric téléphone ?
2. Que fait l'employé de la réception ?
3. Que propose le client ?
4. Quel message faut-il transmettre ?
5. Quelle est la situation lors du 2e appel de M. Albéric ?
6. Pourquoi est-ce qu'il rappelle ?
7. Se voient-ils le soir-même ? Comment restent-ils en contact ?
8. Qu'est-ce que Mlle Larbaud voulait d'abord et qu'est-ce qu'elle désire maintenant ?
9. Quel problème y a-t-il ?
10. A quelle heure veut-elle sa communication avec Grenoble et que doit faire le réceptionnaire ?

B. Redites le dialogue

C.

1. **Faites varier le dialogue :**
   Préparez individuellement les situations suivantes :
   — Quelqu'un téléphone de l'extérieur pour parler à un client de votre hôtel.
   — Un client de l'hôtel désire :
   — une communication ;
   — réserver des places dans un restaurant ;
   — que la note soit préparée ;
   — faire réparer sa voiture qui ne démarre plus.

25

3. Le télex

3.1 Lire un télex

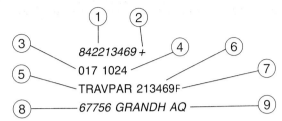

1	Numéro d'appel du correspondant Code télex du pays = 842
2	Signal de fin de numérotation
3	17ᵉ jour de l'année
4	Heure de transmission
5	Libellé = abréviation du nom du correspondant
6	Numéro du correspondant
7	Indicatif du pays
8	Numéro et libellé de l'expéditeur
9	Indicatif du pays (de la ville)
10	Nom complet de l'expéditeur
11	Date
12	Signe d'erreur
13	Parasite (faute de frappe)
14	voir : abréviations internationales

bonjour. désirons chambres pour groupe école hôtelière.
32 personnes. du 10 au 15 mieee mai.

(12)

–.?9, 'bonjour r. votre télex. quelle catégorie?
petit déjeuner ou demi-pension?

(13)

1 à 2 étoiles. télexez prix svp pour demi-pension
ou p.d. seulement.

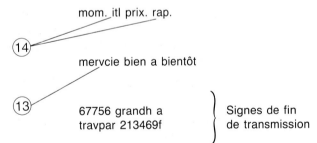

mom. itl prix. rap.

(14)

mervcie bien a bientôt

(13)

67756 grandh a
travpar 213469f   } Signes de fin de transmission

3.2 Les abréviations internationales

anul	annuler, annulation
bk	je coupe
cfm	confirmer
crv	comment recevez-vous?
der bk	interruption de la communication (je coupe)
der mom	interruption de la communication (je vérifie)
eee	erreur (… pic eee piscine …)
fin	fin de la communication
fin?	est-ce que la communication est terminée?
ga	vous pouvez commencer par votre texte
inf	impossible d'établir la correspondance appeler le service de renseignements
itl	je transmettrai plus tard

mom	attendez
ok	d'accord
r	j'ai reçu
rap	je rappellerai
rpt	je répète ou répétez s.v.p.
rpt aa	répétez à partir de …
rpt ab	répétez jusqu'à …
s.v.p.	s'il vous plaît, veuillez …
w	mot/mots
wru	qui êtes-vous?
wtg	j'attends
xxxxx	signe d'erreur
+?	j'ai terminé mon texte, vous pouvez transmettre
++	fin de communication

Faites correspondre les énoncés de télex ci-dessous aux formules de correspondance hôtelière.
Classez également ces formules dans de grandes catégories auxquelles vous donnerez un titre.

A - Bonjour. Votre télex (tx) ce jour.

**B - Réservation possible /
chambres réservées pour M. Plot.**

**C - Réservation impossible.
Hôtel complet.**

**D - Avons réservé à Beaux-Arts.
Télexez SVP confirmation /
Prière de télexer confirmation.**

E - Repoussez date SVP deux jours plus tard réservation possible.

F - Prière préciser nombre chambres, date.

G - 1 chambre, bain, W-C, à 350 F TTC, 9 au 15/3.

H - Toutes facilités congrès (300 F), cure, sport ...

I - Salutations.

1. Vous serait-il possible de repousser la date de vos vacances de « x » jours...?

2. A notre grand regret, toutes nos chambres sont occupées.

3. Nous avons réservé provisoirement des chambres à l'hôtel X et vous prions de nous confirmer votre accord par retour de télex / du courrier.

4. Nous nous permettons de réserver les chambres désirées.

5. L'hôtel dispose de ...

6. Malheureusement, votre lettre ne précise pas vos désirs quant au nombre de chambres que vous désirez retenir et aux dates de votre séjour.

7. En réponse à ...

8. Nous vous prions de bien vouloir nous informer sur le nombre ... et nous vous soumettrons aussitôt une offre détaillée.

9. En attendant de vous accueillir, je vous prie de croire, Monsieur, à nos sentiments les meilleurs.

10. ... une chambre avec salle de bains et toilettes à 350 F TTC du 9 au 15 mars.

11. Nous sommes désolés de vous informer qu'il nous sera impossible de vous donner satisfaction, notre hôtel étant complet.

12. Nous avons le plaisir de vous confirmer la réservation de ...

13. S'il vous était possible de reporter votre séjour de ... jours.

14. Nous avons transmis votre demande à l'hôtel X...

15. Nous vous remercions de votre confiance et vous prions d'agréer, Monsieur, l'expression de nos sentiments respectueux.

16. Nous vous serions reconnaissants de bien vouloir nous communiquer le nombre de chambres désirées ainsi que la date de votre séjour.

17. Nous sommes heureux de mettre à votre disposition ...

18. Nous accusons réception de votre aimable lettre ...

19. Si vous pouviez retarder ...

20. Nous regrettons vivement de vous informer qu'il ne reste aucune chambre libre.

21. Suite à ...

22. Dans l'attente de votre réponse, je vous prie d'agréer, Monsieur, nos salutations distinguées.

23. Nous vous remercions de ...

24. Nous avons bien reçu...

TERM STRSBG 870998F
049 1521
VALTOUR CHY 320408F

Bonjour, ici Valtour Chambéry, réservez 15 chambres doubles, bain, W-C,
petit déjeuner 12/13/06. Merci de me répondre rapidement.
Salutations.
Michel, service groupes.

*REPONSE POSITIVE +
CONFIRMATION DE
RESERVATION*

Bonjour, ici entreprise Elecstar, le 3 janvier 1992.
À l'attention du service réservation.
Suite à notre conversation téléphonique de ce jour, confirmons réservation
de cinq collaborateurs pour demain soir.
Arrivée tardive.
Salutations.

*REPONSE AVEC DEMANDE
DE PRECISION : DINER ?*

Bonjour, ici association Sport-Détente.
Prière de nous communiquer meilleures conditions pour 10 chambres doubles
et 5 simples avec douche, W-C, demi-pension, TTC, ainsi que montant des arrhes.
Remerciements.
Salutations.

*REPONSE AVEC TARIFS
BASSE ET HAUTE SAISON*

Bonsoir, ici agence Anubis.
Concerne le séjour du 8 au 15 avril, heureux d'annoncer prolongation de 3 jours,
du 8 au 18, réservation possible ?
Acceptons aussi pour complément de réservation autre hôtel.
Prière de réserver.
Merci. wtg ok + ?

*IMPOSSIBILITE DE PROLONGATION.
DONNER RAISON. PROPOSITION HOTEL ANALOGUE
AVEC DINER AU RESTAURANT DE NOTRE HOTEL.
DEMANDER ACCORD, POUR RESERVATION
HOTEL + REPAS.*

Rédigez les réponses par télex, correspondant à chaque message d'après les annotations de l'hôtelier.

4. Aider le client à trouver une chambre libre

 ## 4.1 Recommander un autre hôtel

Client : Je vois que vous affichez complet. Mais vous connaissez peut-être un hôtel où il y a encore des chambres libres ?

Réceptionnaire : Mais oui, Monsieur, je peux vous aider. Si vous voulez je peux demander à l'hôtel Augustin. C'est la même catégorie et nous travaillons ensemble.

Client : Ah, ce serait gentil. Nous avons besoin d'une chambre pour 2 personnes avec salle de bains ou douche au moins.

Réceptionnaire : Un instant, s.v.p. . . . Voilà, Monsieur. Vous avez de la chance. Il y a une chambre à grand lit avec douche et W.-C. au 3ᵉ étage.

Client : C'est bien, Mademoiselle.
Mais . . . où se trouve cet hôtel, s.v.p. ?

Réceptionnaire : Oh, ce n'est pas loin d'ici. Regardez sur le plan. Nous sommes ici et l'hôtel Augustin est tout près de la gare. Vous prenez le grand boulevard en face et au 2ᵉ feu rouge, vous tournez à droite. Au bout de 50 mètres vous avez l'hôtel Augustin sur votre gauche. Je vous donne ce plan de la ville pour vous orienter.

Remarques :

vous êtes ici

4.2 Comment trouver le chemin?

Jeune fille : Bonjour, Monsieur, c'est bien l'hôtel Bellevue ici?

Réceptionnaire : Non, Mademoiselle, je suis désolé, mais ici c'est l'hôtel Belvédère.

Jeune fille : Ah bon? Je cherche l'hôtel Bellevue parce que mes parents y séjournent. Pouvez-vous m'indiquer le chemin pour y aller? C'est loin d'ici?

Réceptionnaire : Tenez. Regardez ce petit plan, il vous aidera.

Réceptionnaire : Prenez ce boulevard en face de vous et continuez tout droit (1). Prenez la deuxième à gauche (2).

Jeune fille : Tout droit … 2e rue à gauche …

Réceptionnaire : Vous arrivez à une place, vous la traversez (3). Puis vous montez l'escalier à votre droite (4).

Jeune fille : Bon …

Réceptionnaire : Ensuite vous traversez la rue. Il y a un passage pour piétons (5). Prenez le trottoir d'en face vers la gauche (6).

Jeune fille : Oui … j'ai compris …

Réceptionnaire : Continuez pendant 50 mètres (6). Puis vous arrivez à un carrefour où vous voyez un pont (7). Ne le traversez pas mais prenez le quai à votre droite (8). L'hôtel Bellevue est juste à côté du carrefour.

Jeune fille : Très bien, merci et au revoir.

Remarques :

_____

_____

_____

_____

_____

_____

_____

_____

_____

_____

_____

_____

4.3 L'accès (exemples)

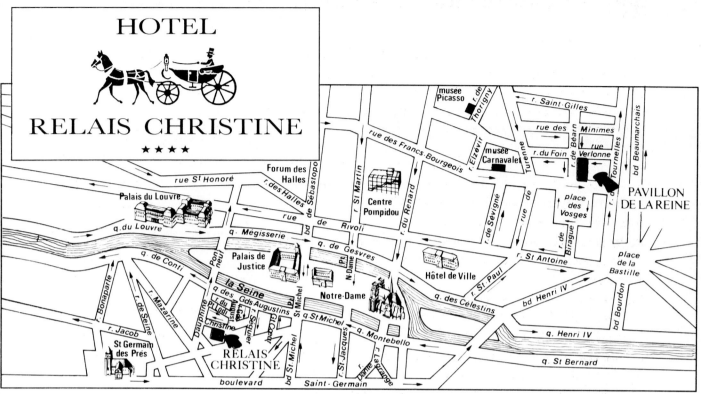

S.N.C. Bertrand et Cie - R.C. Paris B 702 039 348 - Relais Christine. 3. rue Christine. 75006 Paris — Pavillon de la Reine, 28. place des Vosges, 75003 Paris

4.4

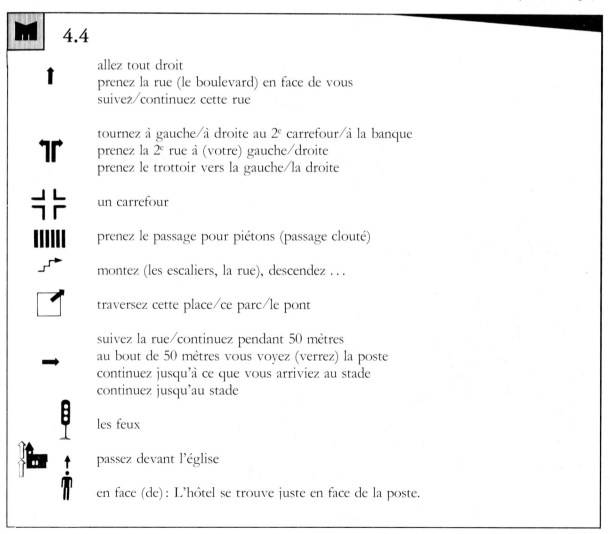

allez tout droit
prenez la rue (le boulevard) en face de vous
suivez/continuez cette rue

tournez à gauche/à droite au 2e carrefour/à la banque
prenez la 2e rue à (votre) gauche/droite
prenez le trottoir vers la gauche/la droite

un carrefour

prenez le passage pour piétons (passage clouté)

montez (les escaliers, la rue), descendez ...

traversez cette place/ce parc/le pont

suivez la rue/continuez pendant 50 mètres
au bout de 50 mètres vous voyez (verrez) la poste
continuez jusqu'à ce que vous arriviez au stade
continuez jusqu'au stade

les feux

passez devant l'église

en face (de): L'hôtel se trouve juste en face de la poste.

Recommander un autre hôtel

A. Préparez les réponses aux questions ci-dessous

1. Pourquoi est-ce que le client ne peut pas loger dans cet hôtel ?
2. Quel service demande-t-il au réceptionnaire ?
3. Pourquoi le réceptionnaire choisit-il l'hôtel Augustin ?
4. Quelle chambre désire le client ?
5. Est-ce que l'hôtel Augustin est aussi complet ?
6. Décrivez le trajet pour arriver à l'hôtel Augustin.

B. Redites le dialogue

C. Transformez le dialogue en changeant le nombre de personnes, le type de chambre désiré et le type de la chambre proposée dans l'autre hôtel. Le client accepte ou n'accepte pas la proposition (donnez les arguments du client).

Comment trouver le chemin ?

A. Préparez les réponses aux questions ci-dessous

1. Est-ce que la jeune fille cherche une chambre de libre ?
2. Quel service demande-t-elle au réceptionnaire ?
3. Comment demande-t-elle ce service ?
4. Où se trouve l'hôtel Bellevue ?

B. Redites le dialogue

C.

1. Comment peut-on aller à l'hôtel Bellevue à pied ?
2. Indiquez le chemin pour aller
   — à la banque (A)
   — à la gare (B)
   — au théâtre (C)
   — à l'arrêt d'autobus (D)
   — à l'hôtel Aïda (E)
   soit à pied, soit en voiture.

5. Réclamations

5.1 Le client n'est pas content de sa chambre

Réceptionnaire : Ah, bonjour, Monsieur Duval. Vous avez bien dormi ?

Client : Comment . . .? Vous osez me poser cette question ! C'est une honte ! Un scandale ! Vous le faites exprès, ou quoi ?

Réceptionnaire : Mais Monsieur, je vous en prie . . . calmez vous. Qu'est-ce que je peux faire pour vous ?

Client : Voilà, je demande une autre chambre. Celle-ci est insupportable. J'ai passé une nuit blanche, vous vous rendez compte ?

Réceptionnaire : Vous voulez dire que vous n'avez pas bien dormi. Mais à cause de quoi, Monsieur ?

Client : A cause de quoi ? A cause du bruit qu'on a fait.

Réceptionnaire : Je suis désolé, Monsieur, mais nous avions un bal à l'hôtel, vous savez. Je peux vous assurer que la nuit prochaine sera calme, que vous ne serez pas dérangé et que vous dormirez tranquillement.

Remarques :

5.2 Problèmes avec le fonctionnement des installations

 Dialogue 1

Client : Mademoiselle, ici la chambre 203. Ecoutez, je veux prendre une douche et il n'y a que de l'eau froide au robinet.

Employée : Je suis désolée, Monsieur. Je vous envoie immédiatement quelqu'un pour régler le robinet. Dans quelques minutes ce sera fait.

Client : Bon. Et faites-moi apporter une deuxième serviette de bain, s.v.p. il n'y en a qu'une ici.

Employée : Oui, Monsieur, bien sûr. On va vous l'apporter tout de suite.

 Dialogue 2

Employée : Allô? Réception, je peux vous aider?

Client : J'espère bien que oui, sinon on va geler ici.

Employée : Je ne comprends pas, Monsieur.

Client : Le chauffage ne fonctionne pas. Nous l'avons ouvert à fond mais le radiateur reste froid.

Employée : C'est inexplicable, je ne comprends pas ce qui a pu se passer, Monsieur. Je vais le dire à notre factotum. Il va venir tout de suite pour le réparer.

 Dialogue 3

Cliente : Monsieur, il fait assez froid dans ma chambre aujourd'hui. Pourtant ces derniers jours la température était agréable lorsque j'étais dans ma chambre.

Réceptionnaire : Oui, Madame. Je vous prie de nous excuser. Mais nous avons une panne de chauffage central. Si vous restez dans la chambre pendant la journée, je peux vous faire apporter un chauffage électrique. En tout cas, on nous a promis que tout devrait fonctionner normalement ce soir.

Cliente : Non, laissez. Vous voyez, je sors et je ne rentrerai pas avant ce soir.

Réceptionnaire : Très bien, merci, Madame. J'espère que la température n'était pas trop basse. Je suis navré.

Cliente : Oh, ça peut arriver. A ce soir, donc.

Remarques :

Réclamations	Excuses ou/et solutions
	Je suis navré(e) désolé(e) Je regrette (infiniment) (beaucoup) Excusez-moi!

1. La chambre

donne sur la rue
— pas (peu) de circulation après 10 heures
— zone piétonne; accès autorisé aux voitures seulement 3 heures par jour
— à cause de la climatisation — fenêtres toujours fermées et bien isolées

est face à l'ascenseur
— L'ascenseur est moderne et ne fait pas de bruit.
— Fermez la 2ᵉ porte dans la chambre.

n'a pas le téléphone
— A chaque étage il y a un téléphone.

a un GL; mari ronfle
— mettre un lit supplémentaire
— offrir des boules QUIES

a un lit qui grince
— réparer ou
— changer de lit

2. Ce qui ne fonctionne pas

l'eau chaude
— laisser couler plus longtemps
— envoyer quelqu'un pour réparer le robinet

le chauffage
— panne de chauffage central
— apporter un radiateur électrique
— envoyer quelqu'un pour la réparation

le mini-bar (qui est vide)
— envoyer le service d'étage (le responsable)

le téléviseur
— appeler le technicien
— changer l'appareil

l'ascenseur
— au 1ᵉʳ étage — quelques marches seulement
— envoyer quelqu'un pour chercher les bagages
— envoyer le factotum pour la réparation

 Répondez à chaque réclamation et trouvez de bonnes tournures de phrases.

Le client n'est pas content de sa chambre

A. Préparez les réponses aux questions ci-dessous :

1. A quel moment de la journée est-ce que cette scène se passe ? Que dit le réceptionnaire ?
2. Caractérisez le client. Quelle attitude a-t-il ?
3. Comment réagit le réceptionnaire devant le client ? Que dit-il ?
4. De quoi le client se plaint-il ?
5. Comment s'excuse le réceptionnaire ?
6. Qu'est-ce qu'il promet ?

B. Redites le dialogue

C. Transformez le dialogue en changeant l'attitude du client ainsi que celle du réceptionnaire.
Exemple :
— le client et le réceptionnaire sont colériques (agressifs).
— le client est aimable mais résolu.
Continuez le dialogue : le client ne se contente pas de la réponse de l'employé.

Problèmes avec le fonctionnement des installations

Situation 1 :

1. Décrivez la situation.
2. De quoi le client se plaint-il ?
3. Qu'est-ce que l'employée promet ?
4. Qu'est-ce qui manque au client ?

Situation 2 :

1. Comment répond la réceptionnaire au téléphone ?
2. Pourquoi le client dit-il qu'ils vont geler ?
3. Comment réagit la réceptionnaire à cette plainte ?

Situation 3 :

1. Comment la cliente décrit-elle la situation dans sa chambre ?
2. Qu'est-ce qui se passe ce jour-là ?
3. Quelle solution propose le réceptionnaire ?
4. Est-ce que l'hôtel a déjà fait le nécessaire ?
5. Faut-il apporter un chauffage électrique. Pourquoi (pas) ?

Écrivez

A leur retour de vacances un certain nombre de clients de votre agence se sont plaints de leur séjour dans un hôtel français. Rédigez à l'attention de l'hôtel une lettre dans laquelle vous préciserez les réclamations de ces derniers, avec une demande d'indemnité.

 La Réunion - Hôtel Alamanda

1. A l'aide du document, rédigez une autre lettre de réclamation à l'attention de l'hôtel Alamanda.
   Imaginez les motifs de mécontentement (conditions de confort, cuisine, piscine vide, etc.) et demandez un dédommagement.
2. Rédigez aussi les réponses de l'hôtel Alamanda dans lesquelles
   — vous reconnaissez le bien-fondé des réclamations et des dédommagements ;
   — vous refusez les réclamations ainsi que toute demande d'indemnité.

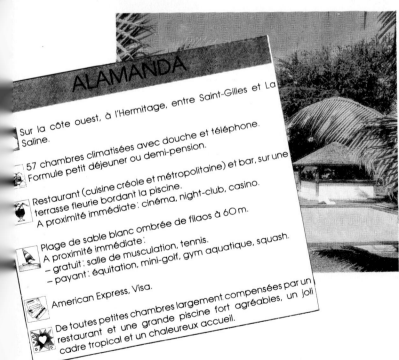

LA RÉUNION

ALAMANDA

Sur la côte ouest, à l'Hermitage, entre Saint-Gilles et La Saline.

57 chambres climatisées avec douche et téléphone. Formule petit déjeuner ou demi-pension.

Restaurant (cuisine créole et métropolitaine) et bar, sur une terrasse fleurie bordant la piscine.
A proximité immédiate : cinéma, night-club, casino.

Plage de sable blanc ombrée de filaos à 60 m.
A proximité immédiate :
— gratuit : salle de musculation, tennis.
— payant : équitation, mini-golf, gym aquatique, squash.

American Express, Visa.

De toutes petites chambres largement compensées par un restaurant et une grande piscine fort agréables, un joli cadre tropical et un chaleureux accueil.

6. Règlement de la maison

Heure de service désirée

6.30 - 7.00	7.00 - 7.30	7.30 - 8.00	8.00 - 8.30
8.30 - 9.00	9.00 - 9.30	9.30 - 10.00	

(Service assuré de demi/heure en demi/heure à partir de 6 h 30)

Nom

N° de chambre   Nombre de personnes

**Restaurant
le Buffet 48 F**

Hotel Sofitel Paris
Vous souhaite une bonne nuit

Afin d'améliorer la qualité de nos prestations et la rapidité du service, choisissez votre petit déjeuner dès ce soir et suspendez votre commande au bouton extérieur de votre porte. Indiquez le nombre d'articles dans les cases. Merci.

PETIT DÉJEUNER CONTINENTAL : 4

Pour votre petit déjeuner en chambre nous vous proposons :

Au choix :
- ☐ Thé de Ceylan   ☐ citron ☐ ou lait
- ☐ Café noir   ☐ café au lait
- ☐ Chocolat au lait
- ☐ Lait chaud

La corbeille du boulanger :
Croissant, Brioche et
☐ Petit pain ou Toasts ☐
Beurre, Confiture, Miel
Le jus d'orange fraîchement pressé

Suppléments à partir de 6 h 45

☐ Jus de pamplemousse frais FF				
☐ Fruit frais de saison	15	☐ Œufs au plat jambon		
☐ Cornflakes et lait	14	☐ Œufs au plat bacon		
☐ Yaourt nature	16	☐ Œufs brouillés		
☐ Œufs à la coque	11	☐ Œufs brouillés jambon		
☐ Œufs au plat nature	19	☐ Œufs brouillés bacon		
	21	☐ Omelette nature		2
		☐ Omelette au jambon		3

Nombre de suppléments

Montant des suppléments   F

Prix nets

Journal offert (si disponible) ☐

TOTAL Frs

TOTAL Frs

Nom

N° de chambre

Afin d'éviter toute erreur de notre part, nous vous remercions d'avoir l'amabilité de bien vouloir signer votre commande.

Date :

Signature :

6.1 Les heures de repas

Client : On peut prendre le petit déjeuner à partir de quelle heure ?

Réceptionnaire : De 6.30 à 10 heures dans la chambre ou de 7.30 à 10.30 au restaurant.

Client : Et les autres repas ?

Réceptionnaire : A midi, nous servons au restaurant à partir de 11.30 et nous acceptons les clients jusqu'à 13.45.

Et le soir, le restaurant est ouvert entre 19 et 22 heures.

Remarques :

_____

_____

_____

_____

6.2 Exemple alphabétique

A

Air conditionné
Une commande individuelle vous permet de l'arrêter complètement ou d'en régler le volume et la température.

Animaux
Une décharge de responsabilité doit être signée par leur maître, et un supplément sera appliqué au tarif de la chambre.
Les chiens doivent être tenus en laisse dans l'hôtel.

B

Bagages
Composez le 94, le concierge se chargera de vous les faire descendre.

Blanchisserie, Nettoyage à sec, Repassage
Tous les jours sauf dimanche et jours fériés.
Sacs et formulaires sont à votre disposition dans la chambre. Appelez la gouvernante avant 10 h, vos effets vous seront retournés le jour même avant 20 h.

C

Cartes de crédit
Le Sofitel Paris accepte les cartes suivantes : Carte Bleue, Visa, American Express, Diners Club, Eurocard, Master Card.

Change
Devises et chèques de voyage peuvent être changés à la caisse, les cours en vigueur y sont affichés.

G

Garage/parking
Disponible 24 h sur 24. Demandez à bénéficier de notre carte-résident en vous adressant à la caisse.

Garde d'enfants
Composez le 94, notre concierge vous fournira tous les renseignements.

L

Location de voitures
Avec ou sans chauffeur, notre concierge s'en chargera. Composez le 94.

M

Mini-bar
Un mini-bar est à votre disposition, pour l'ouvrir utilisez votre clé de chambre. La direction vous invite à remettre la fiche de consommation à la caisse lors de votre départ.

N

Navette
Consultez notre concierge pour les horaires et itinéraires de notre navette gratuite.

Itinéraire
Hôtel Sofitel Paris/Porte de Sèvres — Place de la Concorde et retour Hôtel Sofitel Paris

Hôtel Sofitel Paris	9 h	10 h	11 h	12 h	13 h (Retour)
Concorde	9 h 30	10 h 30	11 h 30	12 h 30	

La navette de l'Hôtel Sofitel Paris
un service gratuit, rapide et confortable.

Hôtel Sofitel Paris	16 h 30	17 h 30	18 h 30 (Retour)
Concorde		17 h	18 h

Tous les jours sauf dimanches et jours fériés :

Cette navette est gratuite et son usage est réservé aux clients de l'hôtel.

P

Petit déjeuner
Servi en formule buffet au restaurant « La Tonnelle » à partir de 6 h 30 ou dans votre chambre, en utilisant la commande disposée à cet effet ou en appelant le 93.

Piscine panoramique/Centre de Bien-Etre
Au 22e étage, de 7 h à 21 h en semaine, de 10 h à 20 h le week-end. Centre de Bien-Etre, sauna à partir de 11 h.

R

Radio
Dans toutes les chambres, au chevet de votre lit.

Réception
Tél. : 92.

Réservations
Confirmation immédiate de votre prochain séjour au Sofitel Paris ou réservation gratuite dans tous les hôtels Sofitel. Tél. : 99

Réunions, Séminaires, Congrès et Réceptions
Un service professionnel de grande qualité. Nous organiserons votre manifestation sur mesure ou d'après nos multiples suggestions. De 10 à 800 personnes. Tél. : 3424/3425

Réveil
Un réveil automatique est à votre disposition, vous pouvez également appeler le concierge. Tél. : 94

6.3 Les noctambules

1er Client : Bonsoir, Mademoiselle.

Employée : Bonsoir, Mesdames, bonsoir, Messieurs. Vous sortez ce soir ?

2e Client : Oui, on part à la découverte de « Paris la nuit ».

3e Client : On va voir. Mais nous voudrions vous demander ce qu'il faut faire si nous rentrons tard.

Employée : Surtout, nous vous prions de ne pas faire trop de bruit. Et puis, je peux vous donner une clé pour la porte principale de l'hôtel, qui est fermée entre minuit et 7 heures.

3e Client : Donnez-nous en deux, s.v.p. On ne sait jamais. Merci.

Employée : Messieurs, puis-je vous demander un dépôt de 300 F, pour chaque clé ; nous avons eu parfois de mauvaises surprises, vous comprenez. Ce montant vous est restitué naturellement au moment où vous rendez la clé. Merci... et bonne soirée !

Remarques :

HÔTEL DE LUTÈCE

tél. (1) 43 26 23 52 – téléfax (1) 43 29 60 2

M. _____

pendant votre absence

M. _____

☐ *vous a appelé*

Hotel Rive Gauche

A notre estimée clientèle !

Nous voulons tout d'abord vous souhaiter la bienvenue dans notre maison et un très agréable séjour. Si vous avez une question ou un problème, n'hésitez pas à vous adresser à l'hôtesse de réception qui s'efforcera toujours de faire son possible pour vous aider.
Nous nous permettons de vous indiquer ci-dessus le « règlement de notre maison » :

HEURES DES REPAS :
Petit Déjeuner : 7 h 30– 9 h 30
Déjeuner : 11 h 30–13 h
Dîner : 18 h –19 h 30

TELEVISION :
Au salon au premier étage.

EXCURSIONS :
Renseignements et réservations à la réception.

GARAGES :
Renseignements sur la location de garages à la réception.

OBJETS DE VALEUR :
Conformément aux prescriptions en vigueur, l'hôtel ne prend pas la responsabilité de l'argent ni des objets de valeur de tous ordres qui ne sont pas en lieu sûr. Vous pouvez, si vous le désirez, déposer ces objets à la réception pour qu'ils soient placés dans le coffre-fort de l'hôtel.

CLEFS DES CHAMBRES :
Nous vous prions en quittant la chambre de bien vouloir déposer la clef à la réception.

CLEF DE LA PORTE D'ENTRÉE DE LA MAISON :
Les « retardataires » peuvent recevoir à la réception une clef de la porte d'entrée de la maison contre dépôt de 100,— schillings autrichiens. Ce montant leur est restitué contre remise de la clef.

HEURE DE DEPART :
Nous demandons à notre aimable clientèle de bien vouloir le jour du départ libérer la chambre au plus tard à 12 heures.

ENFIN nous vous souhaitons encore une fois un séjour agréable et bénéfique vous apportant toute satisfaction. Si vous avez été contents, soyez gentils de le dire à vos amis et connaissances, si quelque chose ne vous a pas plu, dites le nous.

En espérant vous revoir bientôt avec plaisir
Familie HERBST

Les heures de repas

Présentez sous forme de dialogue les renseignements fournis par l'hôtel Sofitel sur le petit déjeuner.

Exemple alphabétique

Étudiez les services proposés par l'hôtel et présentez-les sous forme de dialogue.

A notre estimée clientèle

Trouvez des phrases de dialogue pour les renseignements donnés par l'hôtel Rive Gauche.

Les noctambules

Résumez ce que l'employée demande aux clients qui pensent rentrer tard.

Durant la sortie nocturne de ces clients, l'employée a reçu quelques messages téléphoniques qu'elle leur rapportera par écrit.
Imaginez et écrivez-les sur l'imprimé prévu à cet effet.

7. Description de l'hôtel

 7.1 Les distractions qu'offre l'hôtel

Client : Mademoiselle, qu'est-ce qu'on peut faire quand on rentre du ski à 5 heures ?

Employée : Vous avez plusieurs possibilités dans la station même, mais vous pouvez aussi rester à l'hôtel sans vous ennuyer. Nous vous proposons diverses distractions.

Client : Ah oui, et quoi par exemple ?

Employée : A 5 heures, l'après-ski commence au bar avec orchestre et danse, et dans le salon on organise un tournoi de jeux de société : échecs, bridge, monopoly, ...
Et tous les soirs, vous avez la discothèque au sous-sol.
Le jeudi soir, nous avons une soirée folklorique avec des danses régionales, vendredi une fondue, le dimanche une projection de diapositives sur la région et le mardi soir notre soirée-surprise.

Client : Oh, c'est bien ! Mais est-ce qu'on peut venir avec des amis de l'extérieur ?

Employée : Bien sûr, Monsieur. Ils seront les bienvenus.

Remarques :

_____

_____

_____

_____

_____

_____

_____

_____

 Les distractions qu'offre l'hôtel

Répondez aux questions :

1. Où y a-t-il des distractions ?
2. Quel programme l'hôtel propose-t-il à ses clients ?
3. Qu'est-ce que le client veut savoir à la fin ?

Travaillez avec les symboles et décrivez les distractions proposées.

Novotel

Résumez chaque chapitre de la brochure « Novotel » (p. 40).

1. Reprenez pour un dépliant les possibilités de distractions de l'hôtel ci-dessus.
Variez les formes grammaticales (si vous avez envie de ..., si vous préférez ..., vous aimerez ..., il est possible de ..., vous pourrez, etc.), les expressions de temps (en soirée, le soir, tous les soirs, chaque soir, etc.).

2. En vous aidant des pictogrammes ci-dessus et en vous référant à la page 41, présentez pour le dépliant d'un club les renseignements les plus complets (situation, description de chambre, installations de l'hôtel même, loisirs, cure, accès).

3. Faites l'affiche d'un hôtel pour donner le programmme d'animation du lendemain.
Les activités prévues sont : balade à vélo, sortie à cheval, initiation à la plongée sous-marine en piscine, pédalos, pétanque, ballets folkloriques, orchestre « steel band jazz », tournoi de ping-pong.
Précisez le moment, le lieu, le nom de l'animateur, le public visé (adultes, enfants), les inscriptions (éventuelles), les activités payantes.

novotel
guide · directory · verzeichnis

TRAVAILLER

Novotel est conçu pour des voyages d'affaires, réunions de travail, séminaires et congrès pleinement réussis.

L'implantation près des autoroutes et aéroports, les vastes parkings facilitent les déplacements.

Les salons modulables permettent d'accueillir dans les meilleures conditions toutes réunions ou repas de travail et cocktails …

Chaque Novotel dispose d'un télex qui peut être mis à la disposition de la clientèle.

DORMIR

La chambre Novotel est spacieuse. Elle est équipée d'une penderie, d'un bureau, du téléphone, d'une salle de bains et de toilettes indépendantes. Pour le nombre de lits, consulter les symboles en regard des plans. Les enfants jusqu'à douze ans sont hébergés gratuitement dans la chambre des parents (voir pages 16–17).

Les Novotel avec un léger supplément accueillent aussi les animaux.

SE DETENDRE

La grande majorité des Novotel met à la disposition de ses clients : jardins, piscine, aires de jeux*, hall, bar et terrasse, permettant de se détendre avec la plus grande liberté.

LES ENFANTS

Novotel est idéal pour les déplacements en famille.

L'hébergement est gratuit pour un ou deux enfants jusqu'à douze ans, dormant dans la chambre des parents, sans adjonction d'un lit supplémentaire.

Un lit d'appoint peut être fourni moyennant un supplément.

Les enfants ont un menu spécialement conçu pour eux.

La piscine, les jardins et les aires de jeux sont des espaces aménagés à leur intention pour leur joie et leur détente.

SE RESTAURER

Les Novotel offrent la possibilité de se restaurer de 6 h à minuit.

Le petit-déjeuner peut être servi dans la chambre ou au grill. La plupart des Novotel proposent maintenant une formule petit-déjeuner buffet.

La carte grill permet de composer en toute liberté des repas simples et de qualité.

Les enfants ont un menu spécialement conçu pour eux.

Aux beaux jours, la plupart des Novotel servent des repas en terrasse. Quelques Novotel ont un restaurant traditionnel (consulter les symboles en regard des plans). En Europe, un vaste programme de transformation des grills en rôtisserie ou en restaurant-grill, est engagé.

Si votre chien vous accompagne, nous vous remercions de bien vouloir le tenir en laisse au restaurant.

LES SERVICES

réservation internationale

Les bureaux RESINTER sont habilités à prendre les réservations pour tous les Novotel de tous les pays.

Une réponse vous est fournie immédiatement dans le cas d'une réservation pour le lendemain. Les réservations pour le jour même doivent être passées directement à l'hôtel concerné.

Profitez de votre séjour dans un Novotel pour réserver la chambre de votre prochaine étape.

heures d'arrivée

Les réservations sont maintenues jusqu'à 19 heures. Pour les arrivées plus tardives, elles doivent être garanties par l'envoi :
— soit d'un dépôt,
— d'un bon d'agence de voyage,
— d'un écrit de la société garantissant le paiement,
— d'une garantie «carte de crédit».

Un retard eventuel doit être signalé par téléphone auprès de l'hôtel concerné, le jour même, avant 19 heures : toute réservation non annulée sera facturée au client.

Carte club Novotel

La carte club Novotel permet d'obtenir certaines conditions de remise pouvant aller de 10 à 30% sur le prix de la chambre, et de bénéficier d'une information privilégiée.

Demandez aux hôtels ou à la chaîne Novotel, le dépliant qui vous indiquera les conditions d'acquisition, les avantages et la liste des pays concernés.

Service relations clientèle

Si vous souhaitez exprimer quelques avis ou suggestions sur un séjour dans l'un ou l'autre de nos hôtels, adressez-vous à :
Chaîne Novotel
« Service relations clientèle »
2, rue de la Mare Neuve
91019 EVRY CEDEX, FRANCE
Téléphone : (6) 077 93 20
Télex : 691852 F

Cartes de crédit

(acceptées dans les pays où elles opèrent) :
— visa carte bleue,
— american express,
— diners,
— eurocard (en France métropolitaine uniquement).

Le Chamois — 21 février —

Vacanciers prenez note :

Au cours de la matinée

— Vous pouvez, avec nos moniteurs spécialisés, perfectionner votre style de ski alpin.

— Si vous préférez flâner, vous pourrez faire connaissance avec les artisans du pays.

En fin d'après-midi

— Si vous avez envie de faire des parties d'échecs ou de Scrabble, vous aimerez participer à nos tournois.

— Il est possible d'écouter une conférence sur la météo en montagne — 18ʰ —

Le Soir

Vous danserez jusqu'à l'aube dans notre discothèque.

symboles

☎	Téléphone		🍳	Petit déjeuner buffet
TELEX	Télex		🍸	Bar
👤	Directeur		🏛	Salles de réunion
🔑	Nombre de chambres		🎵	Night-Club Discothèque
🛏	Chambre lits jumeaux		🏊	Piscine
🛏	Chambre avec lit double plus canapé lit		🏠	Piscine couverte
🛋	Suite		🎾	Tennis
♿	Chambre handicapé		🐎	Équitation
TV	Télévision : équipement total		🚌	Navette gratuite avec aéroport
TV	Télévision : équipement partiel		🚌	Navette payante avec aéroport
E	Économie d'énergie		P	Parking gratuit
🍴	Restaurant grill		P	Parking payant
🍴	Restaurant traditionnel		⛷	Novotel Vacances

7.2 Formule passe-partout pour un prospectus
(Les chiffres désignent les variables)

Situé (1), notre hôtel vous garantit un séjour agréable. (2) de nos chambres sont équipées de (3) voir page 13.
En particulier nous mettons à votre disposition (4).
Pour vos loisirs nous vous proposons (5).
En plus, vous avez la possibilité de (6).
Pour arriver à notre hôtel (7).

4. *En particulier nous mettons à votre disposition*

un restaurant
— renommé pour ses spécialités régionales
— vous offrant également une cuisine diététique et des menus d'enfants
— prêt à organiser des fêtes de famille,
    des banquets ou des repas d'affaires
— ouvert de ... à ...
— en style régional (rustique, basque...)
un bar
une piscine (thermale) couverte, un sauna, un solarium, un salon de massage
des boutiques
des salons esthétiques
diverses salles polyvalentes avec équipement audio-visuel
    pour des réunions ou congrès

5. *Pour vos loisirs nous vous proposons*

— des soirées dansantes ou folkloriques
— des tournois de jeux de société (bridge, scrabble, ...)
— des représentations théâtrales, des spectacles de variétés
— des terrains de sport (court de tennis couvert, manège d'équitation, ...)

6. *En plus vous avez la possibilité de*

participer
— à des excursions
— à des stages d'animation culturelle
— à des stages de sculpture, peinture, photographie
— à des visites guidées
— à des promenades guidées en montagnes

et de suivre
— une cure dans notre établissement
— une cure dans notre propre complexe thermal
— une cure dans le centre thermal à ... minutes de l'hôtel

7. *Pour arriver à notre hôtel*

— veuillez consulter le plan d'accès
— nous vous offrons un service de navette entre la gare/l'aéroport et l'hôtel

1. Écrivez une brève lettre accompagnant l'envoi d'un dépliant d'un hôtel à un client qui en a fait la demande par téléphone. Vous y ajouterez une brochure détaillée de la région et un guide touristique que vous mentionnerez.

2. Utilisez les formules passe-partout p. 41 dans une longue lettre détaillée pour accompagner l'envoi du dépliant des hôtels Lutèce et Les deux-îles (pp. 47-48) à une cliente.
Afin de décrire, de valoriser et de présenter les services de ces hôtels, vous vous inspirerez du prospectus.

8. La note de l'hôtel et le départ

 ## 8.1 Régler la note de l'hôtel

Réceptionnaire : Ah, vous voulez régler votre note maintenant ?

Client : Ben, oui, nous devons partir très tôt demain matin.

Réceptionnaire : Bon, alors ça fait une nuit avec petit déjeuner pour 2 personnes. Voilà, Monsieur.

Client : Tout est compris ?

Réceptionnaire : Oui, Monsieur, ce sont des prix nets et ici vous avez les taxes : taxe de séjour, taxe locale, le service et naturellement la T.V.A.

Client : Ah, c'est comme chez nous alors. Voilà, Mademoiselle.

Réceptionnaire : Je vous remercie, Monsieur.

 ## 8.2 Dernier change

Client : Mademoiselle, nous avons déjà réglé la note et il me reste encore de l'argent autrichien.

Cliente : Tu as pensé au pourboire pour le personnel ?

Client : Mais oui, j'en ai déjà laissé un.

Réceptionnaire : Si vous voulez je vous change vos schillings au cours actuel de la banque — j'ai assez de francs en caisse.

Client : C'est bien gentil. Le cours est à combien ?

Réceptionnaire : Voyons, ah le voilà. Il a légèrement baissé. Voilà … ça fait 210 francs exactement.

Client : Merci, Mademoiselle. Et au revoir.

Réceptionnaire : Le chasseur va vous aider à mettre vos bagages dans la voiture. Au revoir, Monsieur, au revoir, Madame, nous espérons vous accueillir l'année prochaine. Bon voyage !

Remarques :

8.3 A la prochaine

Réceptionnaire : Vous partez déjà ? Je n'arrive pas à croire que l'heure des adieux soit déjà arrivée.

Client : Nous le regrettons aussi. Le temps passe si vite. Vous avez déjà préparé notre note ?

Réceptionnaire : Tout est prêt, Monsieur. Comment est-ce que vous payez ? Par chèque ou par carte de crédit ? Ah, c'est la « Carte Bleue Internationale » . . . Parfait ! . . . Voilà. Il me faut seulement votre signature sur la note de débit . . . merci . . . et voilà le double. Nous espérons que vous êtes contents de votre séjour ?

Client : Tout a été parfait, comme toujours. Mais, l'année prochaine, on viendra plus tôt.

Réceptionnaire : Nous aurons grand plaisir à vous revoir l'année prochaine. Nous vous souhaitons un bon retour.

Client : Merci pour tout. A la prochaine . . . ! Au revoir.

Réceptionnaire : Bonne route et au revoir !

Remarques :
_____
_____
_____
_____
_____
_____
_____
_____
_____
_____

 ## 8.4 Utilisation de la carte de crédit par l'hôtelier

Formalités à accomplir

— L'hôtelier doit se faire présenter la carte du client et vérifier
  — qu'elle est bien établie au nom du client (débiteur),
  — que la date d'expiration n'est pas dépassée,
  — que le numéro ne se trouve pas sur la liste des cartes à ne plus honorer.
— A l'aide d'une machine imprimante, l'hôtelier établit alors la note de débit en 3 exemplaires. Il demande au client de signer la note de débit dont un exemplaire est destiné au client, un deuxième à l'organisme émetteur (American Express, Diners Club, Eurocard, Carte Bleue, Groupe M.A.P. Hôtel etc.) et un troisième à l'hôtelier.
— Les notes de débit sont adressées à l'émetteur. Celui-ci envoie à l'hôtelier la somme correspondante moins la commission (commission déduite).

HÔTEL
RESTAURANT
LE MONTPENSIER

48, boulevard Kennedy BP. 69 03000
VICHY
Tél. (70) 32.14.12

Société Gapel
18,avenue Gambetta
69700 Lyon

Vichy, le 19 mars 1992

Messieurs,

Nous vous prions de trouver ci-dessous la facture du groupe qui
a séjourné dans notre établissement dernièrement.
Nous espérons recevoir le règlement de cette facture dans les
deux prochaines semaines.
Vous en remerciant par avance, nous vous prions d'agréer,
messieurs, l'expression de nos sentiments distingués.

La direction

FACTURE N° 2873

Séjour du 16 mars au 20 mars 1992

4 x 15 Demi-pensions	x	195 F	=	11 700,00 F
...... Pensions complètes	x	.....F	=	....
...... Suppl.Chambres	x	.....F	=	....
......	x	.....F	=	....
......	x	.....F	=	....

TOTAL à régler   11 700,00 F

Acomptes versés   ....

Reste dû   ....

La présente facture est arrêtée à la somme de:

Onze mille sept cents francs.

P/O Le Directeur

44

Le Compostelle

Anc^t Central Hôtel Rivoli

★ ★ ★

31, rue du Roi de Sicile - 75004 Paris

Tél. 42.78.59.99

M° Hôtel-de-Ville ou Saint-Paul

SARL au capital de 170 000 F - R.C.S. Paris B - SIRET 632 037 263 00019 - APE 6709

PARIS, LE

M _____

appartement N° _____

mois de _____

appartement						
petit déjeuner						
divers						
téléphone						
total du jour						
report						
à reporter						

TOTAL _____

DEBOURS _____

Mode de règlement :

espèces ☐

chèque ☐

carte de crédit ☐

_____   _____

TOTAL _____

8.5

Vous	réglez payez	(la note)	par chèque ? en espèces ?	par carte de crédit ?	
Nous	serons heureux de aurons plaisir à espérons		vous	accueillir revoir	l'année prochaine.
Au revoir,	Monsieur, Madame,	je vous souhaite	un bon retour. un bon voyage. bonne route. un bon vol.		

45

Régler la note de l'hôtel

A. Préparez les réponses aux questions ci-dessous

1. Pourquoi est-ce que le client règle sa note la veille de son départ?
2. Quelles sont les prestations supplémentaires qu'il doit payer?
3. Qu'est-ce qu'un «prix net»?
4. Quelles sont les taxes comprises dans ce tarif?
5. Qu'est-ce que la «T.V.A»?

B. Redites le dialogue

Dernier change

A. Préparez les réponses aux questions ci-dessous

1. Que demande le client au réceptionnaire?
2. A-t-il déjà tout payé?
3. A quel cours est-ce qu'on change son argent?
4. Est-ce que le cours a monté?
5. Que dit la réceptionnaire au départ des clients?

B. Redites le dialogue

C. Dialogue
Vous travaillez à la réception.
A l'arrivée d'un client, on vous demande de changer mille francs français en monnaie de votre pays.
Renseignez-vous sur le cours actuel du FF.

A la prochaine ...

A. Préparez les réponses aux questions ci-dessous

1. Que demande le client au réceptionnaire?
2. Comment veut-il payer la note? Avec quelle carte de crédit?
3. Que demande alors le réceptionnaire?
4. Est-ce que le client a des réclamations à faire?
5. Que veut dire «à la prochaine ...»?
6. Qu'est-ce qu'on souhaite à un client au départ?

B. Redites le dialogue

C. Rédigez le dialogue suivant

— le client est content de pouvoir partir
— il utilise une autre carte de crédit (ou transformez le mode de paiement)
— le client a encore des réclamations à faire
— les excuses du réceptionnaire

Formalités à accomplir

Répondez aux questions

1. Qu'est-ce que l'hôtelier doit vérifier avant d'accepter une carte de crédit?
2. Combien d'exemplaires est-ce qu'il lui faut?
3. Que prend-il pour établir la note de débit?
4. Pour qui sont ces exemplaires?
5. Que fait le client?
6. Quels sont les organismes émetteurs que vous connaissez?
7. Comment l'hôtelier reçoit-il la somme correspondant à la note d'hôtel?

Écrivez

1. Faites la facture et la lettre qui l'accompagne pour le séjour de monsieur Fabre de la maison Foucher qui a passé cinq nuits dans l'hôtel Le Compostelle (téléphone + boissons + petits déjeuners).
2. Faites un télex de rappel au service comptabilité de la société Gapel en lui précisant si la facture (p. 44) lui est parvenue.
   Indiquez la date de son envoi et refixez-en une autre pour le paiement.
3. Écrivez une lettre à un client qui avait retenu une chambre à deux lits pour trois nuits et qui, sans avertir votre hôtel, n'est pas venu. Annoncez-lui que son versement des arrhes, égal à une nuit, ne lui sera pas remboursé.
4. Refaites la facture et la lettre d'accompagnement aux Établissements Rocher qui sont étonnés de recevoir la note de leur représen-

tant sans la réduction de 8 % convenue durant la basse saison. N'oubliez pas de présenter vos excuses.
5. Une cliente de longue date, qui passe ses vacances chaque été dans votre hôtel, se voit contrainte de rester chez elle pour des raisons de santé.
   Confirmez cette annulation de dernière minute et adressez-lui vos vœux de prompt rétablissement.
6. Écrivez une deuxième lettre de rappel à la société Gapel qui ne vous a toujours pas réglé sa note. Référez-vous à la lettre et au télex qui ont précédé. Exigez une régularisation sous huitaine.
7. Remerciez l'entreprise Lapagerie qui vient de vous régler une facture concernant le banquet et le séjour d'une nuit de son personnel. N'oubliez pas de souhaiter une prochaine collaboration.

HOTEL DE LUTÈCE
&
HOTEL DES DEUX-ILES

65 et 59 rue Saint-Louis-en-l'Ile
75004 PARIS

☆ ☆ ☆

Hôtel de Lutèce Tél: (1) 43 26 23 52

———————————

Hôtel des Deux-Iles Tél: (1) 43 26 13 35

———————————

Télécopie: (1) 43 29 60 25

Paris semble à mes yeux un pays de roman;

J'y croyais ce matin voir une "île enchantée",

Je la laissai déserte et la trouve habitée...

Toute une ville entière, avec pompe bâtie,

Semble d'un vieux fossé par miracle sortie

Et nous fait présumer, à ses superbes toits,

Que tous ses habitants sont des dieux ou des rois."

CORNEILLE

Paris to me seems like a fairy tale.

I saw this morning an "enchanted isle"

Deserted then; now it's inhabited...

A whole town built in an imposing style

Seems conjured up out of an ancient moat,

And, by its splendid roofline, makes us feel

All its inhabitants are gods and kings.

CORNEILLE

47

HOTEL DE LUTÈCE

HOTEL DES DEUX-ILES

HÔTEL DE LUTÈCE

65, rue Saint-Louis-en-l'Ile
75004 Paris

tél. (1) 43 26 23 52 - téléfax 43 29 60 25

PRIX DES CHAMBRES

Chambre grand lit ou 2 lits,
bain + w.-c. ou douche + w.-c.   690 F
Double, Double twin beds, bathroom
+ toilet or Double Shower + toilet

Chambre single, douche + w.-c.   570 F
Single room, Shower + toilet

Chambre triple, douche + w.-c.   910 F
Triple room, Shower + Toilet

Petit déjeuner, par personne   37 F
Continental Breakfast

Services et taxes compris
VAT Included
PRIX NETS

PAS DE CARTES DE CRÉDIT
No credit card

Toute réservation doit être accompagnée d'un versement
d'arrhes égal à une nuit, non remboursable en cas d'annulation.

A non returnable one night deposit is requested for all
reservations.

Sous réserve d'augmentation suivant indice des prix.

The prices are subject to variation but are correct when
printing.

9. Les métiers de l'hôtellerie

9.1 Schéma d'organisation d'un hôtel 3/4 étoiles

Service	Réception	Hall	Achats/Comptabilité	Etage
Responsable	Chef de réception	Chef-concierge	Econome/ Chef-Comptable	Gouvernante
Personnel d'exécution	Sous-chef de réception Réceptionnaires	Aide-concierge Concierge de nuit Chasseurs Grooms Bagagistes Liftiers Portier	Caissier Main-courantiers	Femme de chambre Valet de chambre

Réceptionnaire: Dans l'hôtellerie moderne, le réceptionnaire est chargé d'accueillir le client à son arrivée et de lui «vendre» une chambre. Il s'occupe de l'organisation de séjour du client et donne tous les renseignements nécessaires.

Sous le contrôle du **concierge,** le personnel du hall assure l'accueil du client.

Le groom/le chasseur effectue les courses à l'intérieur ou à l'extérieur de l'hôtel.

Econome: Il est responsable de l'achat en particulier pour la cuisine.

Caissier/Main-courantier: Ils sont chargés de toute opération de caisse (la note, le change, le dépôt, etc.), de l'enregistrement des prestations supplémentaires (téléphone, boissons, bains thermaux, etc.).

La femme de chambre remet les chambres en ordre.

Le valet de chambre répond aux appels des clients et effectue les services demandés.

9.2 L'hôtellerie en France

 Etablissements hôteliers homologués

• **L'hôtel de tourisme :** établissement commercial d'hébergement classé qui offre des chambres ou des appartements meublés en location à une clientèle de passage ou à une clientèle qui effectue un séjour caractérisé par une location à la journée, à la semaine ou au mois, mais qui, sauf exception n'y élit pas domicile. Il peut comporter un service de restauration.

Il est exploité en permanence durant l'année ou seulement pendant une ou plusieurs saisons. L'appellation « hôtel saisonnier » est utilisée lorsque la durée d'ouverture n'excède pas neuf mois par an, que ce soit en continu ou par intermittence.

Les hôtels de tourisme sont répartis en six catégories exprimées par un nombre d'étoiles croissant avec le confort de l'établissement, à l'exception de la première catégorie qui ne comporte pas d'étoile.

• **La résidence de tourisme :** établissement commercial d'hébergement classé, faisant l'objet d'une exploitation permanente ou saisonnière. Elle est constituée d'un ensemble homogène de chambres ou d'appartements meublés, disposés en unités collectives ou pavillonnaires offerts en location pour une occupation à la journée, à la semaine ou au mois à une clientèle tourtistique qui n'y élit pas domicile. Elle est dotée d'un minimum d'équipements et de services communs.

Les résidences de tourisme sont réparties en quatre catégories (1, 2, 3, 4 étoiles).

Établissements hôteliers non-homologués

1. **Les hôtels de préfecture :** ils assurent les prestations habituelles des hôtels mais leurs normes sont différentes de celles appliquées aux hôtels de tourisme.

Ces établissements sont généralement exploités par des indépendants et constituent l'hôtellerie dite familiale.

2. **La parahôtellerie :**

* **Les locations meublées :** elles mettent à la disposition des touristes des chambres ou des appartements pourvus de tout l'équipement indispensable.

Cette catégorie concerne :

– une dépendance de l'habitation principale du loueur,
– la résidence secondaire du loueur,
– une habitation seulement destinée à la location saisonnière.

Avoriaz Haute-Savoie

Autres formes de parahôtellerie

— terrains de camping
— maisons familiales de vacances
— gîtes ruraux
— chalets et refuges
— auberges de jeunesse
— colonies de vacances
— centres d'accueil créés par les entreprises pour les employés

La classification (NN)
(= Nouvelle Norme Française 1986)
pour les « Hôtels de Tourisme »
Une question d'étoiles : Les hôtels sont classés officiellement en cinq catégories. Comptez leurs étoiles :

---

* Hôtels de bonne tenue (bonne qualité, bien tenus ; confort moyen ; au moins lavabo avec robinet mélangeur pour eau chaude et froide)

** Hôtels confortables (40% de chambres avec salle de bains ; téléphone avec l'accès direct au réseau ; personnel de réception bilingue)

*** Hôtels très confortables (la plupart des chambres avec salles de bains ; ascenseur ; personnel de réception doit parler deux langues étrangères)

**** Hôtels de première classe (toutes les chambres aves salle de bains et W.-C., dont 90% avec W.-C. particuliers ; restauration)

****L Hôtels de grand luxe (salle de bains et W.-C. particuliers ; appartements ou suites ; garages)

Les résidences de tourisme — la multipropriété

Solution pour la « civilisation des loisirs » ?

Née en 1967, la multipropriété (ou propriété à temps partagé) s'est rapidement développée dans presque tous les sites de vacances.

Les prix varient selon la période choisie, la renommée de la station et la surface de l'appartement (la plupart sont des studios ou des deux-pièces). Les propriétaires qui ne souhaitent pas occuper leur période peuvent la louer ou l'échanger contre une autre période dans un autre lieu de vacances.

Profiter de la montagne ou de la mer tout en réalisant un investissement, telle est la motivation essentielle des « multipropriétaires ». Cette formule a des avantages évidents, mais aussi quelques inconvénients : les charges sont élevées ; la revente n'est pas toujours facile pour les périodes situées en dehors des vacances scolaires.

Le succès des résidences de tourisme s'explique par la souplesse du système (pas d'horaires imposés) et son moindre coût. Au début, elles étaient considérées comme un moyen d'accroître la capacité en lits dans les centres touristiques.
Aujourd'hui on se rend compte des inconvénients de ce type d'hébergement. D'un côté, ces « blocs en béton » défigurent le paysage et de l'autre, ils représentent une véritable concurrence pour l'industrie hôtelière déjà existante.
* Vous en trouverez des exemples surtout dans les stations de montagne (En France : Avoriaz, Les Arcs, Courchevel, etc.) mais aussi sur la Côte d'Azur et en Languedoc-Roussillon (Cap-d'Agde, Port-Camargue, La Grande-Motte, etc.).

---

1. Décrivez le système de locations meublées.
2. Quelle est à votre avis la clientèle qui investit dans la multipropriété ? Essayez de décrire son statut social et familial.
3. Quels sont les avantages et inconvénients de cette forme d'hôtellerie ? Justifiez votre réponse et parlez des exemples concrets que vous connaissez.

4. Imaginez une conversation à l'occasion de la vente d'un appartement en multipropriété (jeu de rôle) ; servez-vous du plan de l'appartement (p. 12) et choisissez la situation d'une ou de plusieurs stations françaises que vous connaissez.

Pour gagner de nouveaux clients

Quand il est question de « vente » dans l'hôtellerie, on pense souvent en premier lieu aux directeurs des ventes et aux contacts qu'ils établissent avec les entreprises et les associations de l'industrie touristique. Pourtant, le canal direct de distribution est celui auquel la majorité des hôtels peuvent le plus facilement avoir recours.

Les hôtes qui réservent leur chambre d'hôtel dans leur propre pays par l'intermédiaire d'agences de voyages sont encore l'exception. Quant aux touristes des pays voisins, seuls 10 à 15% d'entre eux utilisent ce mode de réservation. D'où l'importance que revêt pour l'hôtellerie le canal de distribution direct, surtout pour conquérir les marchés voisins.

L'hôtelier ne peut pas se contenter de s'adresser aux clients qu'il a déjà: il doit aussi prospecter le marché pour s'en faire de nouveaux.

Remarques à l'intention de l'utilisateur du canal direct de distribution

● Consacrez-vous en premier lieu à vos clients actuels! Le fichier de vos clients fidèles vous réserve beaucoup de possibilités pour la vente directe précisément. Tout client satisfait constitue en effet un « agent de vente » en soi.

● Commencez par épuiser toutes les ressources que vous offre votre plus proche entourage! Souvent il ne faut pas chercher loin pour trouver une affaire à conclure.

● Informez régulièrement vos clients actuels et potentiels de toute innovation, de toute nouvelle prestation etc.!

● Ayez recours aux fichiers d'adresses de l'office local du tourisme ou du secrétariat central du groupement d'hôtels auquel vous appartenez!

● Pour l'envoi de matériel de vente aux clients intéressés (« mailing »), vous pouvez également vous adresser à une entreprise spécialisée en la matière, qui vous fournira en outre d'autres adresses si vous le désirez.

● Pour les contacts établis par écrit, tenez-vous-en à la formule qui a fait ses preuves: KISS (« keep it short and sweet »)! Une lettre courte et aimable a beaucoup plus d'impact qu'un long exposé.

Auxiliaire de vente

Essayez par exemple une fois, ou davantage, de vous assurer le concours d'auxiliaires pour vendre votre produit! Nous entendons par là des personnes choisies parmi vos relations professionnelles ou privées qui, indirectement, peuvent vous attirer de nouveaux clients, sans que vous ayez à leur payer de commissions. Ce sont notamment:

les clients fidèles de l'hôtel ou du restaurant (publicité de bouche à oreille) — les personnes aux guichets de renseignements des aéroports, des gares, de l'office local du tourisme, etc. — des hôteliers, réceptionnistes, concierges avec qui vous entretenez de bonnes relations — les collaborateurs des entreprises de location de voitures — les agents de police locaux — les chauffeurs de taxi, d'autocar — les personnes travaillant dans les stations-service — les secrétaires de sociétés, des chambres de l'industrie et du commerce, des offices publics et des associations — les journalistes, etc.

Tirez parti de ces possibilités, sans exploiter les personnes en question! Elles se montreront d'autant plus disposées à vous apporter leur concours que vous ne leur imposerez pas ce service et que vous saurez vous montrer reconnaissants.

Comment inciter ces « auxiliaires de vente » à parler en faveur de votre établissement?

— Les chauffeurs de taxi: leur envoyer régulièrement des invitations, leur donner des informations sur l'hôtel, leur faire visiter l'établissement, leur offrir un week-end pour deux . . .

— Les concierges, les réceptionnistes: leur rendre visite dans leur établissement, échanger avec eux du matériel publicitaire, leur offrir un séjour gratuit . . .

Texte tiré d'un nouveau Manuel de marketing hôtelier, paru dans « Hôtel-Revue » (46/83)

L'hôtellerie de demain

Tout d'abord, les chaînes hôtelières européennes devront grandir pour acquérir une plus grande dimension afin de faire face à la concurrence américaine et maintenant asiatique, dont la volonté d'implantation sur notre continent est notoire.

Civilisation de loisirs

L'industrie hôtelière devra, d'autre part, être en mesure de répondre aux besoins d'une clientèle qui disposera de plus de facilités pour voyager et d'importants loisirs qu'elle aura tendance à fractionner, mais qui recherchera toujours le meilleur rapport qualité/prix et souvent une formule conjugant transport et hébergement.

Pour séduire cette clientèle, les hôteliers devront faire preuve d'imagination afin de mieux répondre aux besoins des consommateurs, différents dans chaque pays.

La qualité de l'hébergement et de l'accueil est, certes, indispensable mais ne suffit pas ; les clients attendent aussi un rôle de conseil sur les sites à visiter, les manifestations à organiser par la ville ; le séjour hôtelier prenant place dans un ensemble cohérant d'organisation du séjour. Soucieux de leur bien-être, ils recherchent des activités sportives.

L'hôtelier doit être en mesure de leur proposer des forfaits, offrant aussi la possibilité de pratiquer leurs sports favoris.

Les atouts

La dimension européenne d'un groupe hôtelier semble être un atout majeur pour mieux se vendre auprès de la clientèle des pays éloignés. La sécurité d'une chaîne internationale, une réservation centralisée, une équipe commerciale présente dans les pays d'origine sont des éléments déterminants pour les voyageurs long courriers qui visitent en moyenne quatre pays au cours d'un seul séjour.

Mais là encore, l'hôtellerie européenne doit promouvoir auprès de ces visiteurs qui aiment le « vieux continent » pour sa culture et son patrimoine, des régions moins fréquentées. La France, par exemple, essentiellement réduite à Paris, aux Châteaux de la Loire et à la Côte d'Azur a sans nul doute une carte à jouer à travers le thermalisme, ou le tourisme vert. Les zones d'accueil doivent être diversifiées chacune offrant un attrait particulier.

L'avenir de l'hôtellerie européenne passe également par le tourisme d'affaires. D'ores et déjà, nous en constatons les effets. A l'aube de l'Europe unie, les chefs d'entreprises voyagent de plus en plus. L'ouverture des frontières doit intensifier encore ce trafic. Il faut réfléchir aux besoins spécifiques de cette clientèle, et continuer à doter les établissements de toutes les installations qu'un homme d'affaires est en droit d'attendre d'un hôtel de classe internationale. En outre, l'augmentation du trafic aérien et l'éloignement des aéroports doit amener à penser au développement d'hôtels susceptibles d'offrir les meilleures conditions pour un séjour ou pour l'organisation de réunions sans quitter la zone aéroportuaire. Auprès de chacune d'elles, d'ailleurs, des centres d'activités se multiplient déjà.

Un effort particulier peut être fait pour inciter cette clientèle à prolonger son séjour dans un but touristique. Déjà en semaine, les hôtels accueillent la clientèle d'affaires, mais la mise en place des tarifs attrayants, ou des suggestions week-end est une aide sur place permettant d'améliorer grandement la fréquentation des établissements.

Ouverture des frontières

Pour conclure cette courte réflexion sur l'avenir de l'hôtellerie en Europe il est indispensable d'évoquer les conséquences de la chute du mur de Berlin sur le tourisme, d'affaires en particulier, nul doute que là encore, l'hôtellerie des pays de l'Ouest saura exporter son savoir-faire en matière de tradition hôtelière et trouver de larges possibilités de développement.

Adapté de
« L'avenir de l'hôtellerie en Europe »
par Jean DARRAS
Président Directeur Général
Pullman International Hotel

53

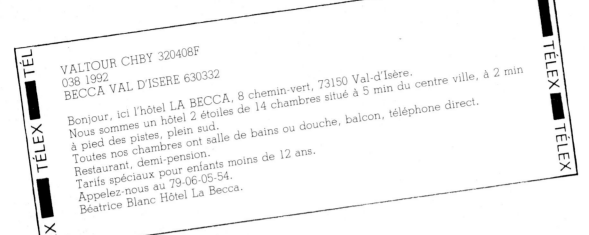

VALTOUR CHBY 320408F
038 1992
BECCA VAL D'ISERE 630332

Bonjour, ici l'hôtel LA BECCA, 8 chemin-vert, 73150 Val-d'Isère.
Nous sommes un hôtel 2 étoiles de 14 chambres situé à 5 min du centre ville, à 2 min
à pied des pistes, plein sud.
Toutes nos chambres ont salle de bains ou douche, balcon, téléphone direct.
Restaurant, demi-pension.
Tarifs spéciaux pour enfants moins de 12 ans.
Appelez-nous au 79-06-05-54.
Béatrice Blanc Hôtel La Becca.

Pour gagner de nouveaux clients

1. Pourquoi le canal de distribution direct a-t-il une telle importance pour l'hôtelier?
2. Résumez les 5 premières remarques concernant cette « technique de vente ».
3. Qu'est-ce qu'on entend par « auxiliaire de vente » dans ce texte? Résumez les exemples donnés.
4. Comment l'hôtelier peut-il s'assurer des services des auxiliaires de vente en question? Donnez des exemples.

1. Rédigez une lettre circulaire aux agences de voyages en vue d'une collaboration.
2. En vous inspirant du modèle ci-dessus, télexez à une agence pour lui faire connaître votre hôtel.
3. Élaborez un feuillet publicitaire à l'occasion de l'ouverture de votre hôtel.
4. Afin de faire connaître votre hôtel-restaurant, envoyez une invitation à dîner pour deux à des chauffeurs de taxi de votre ville.
5. Rédigez une lettre circulaire aux agences pour les informer de la rénovation de votre établissement.

6. Écrivez une lettre à l'office du tourisme de votre région pour lui présenter votre hôtel et lui envoyer quelques prospectus.
7. Envoyez vos vœux de bonne année aux clients fidèles de votre hôtel.
8. Vous êtes intéressé par une clientèle française. Vous passez une petite annonce pour votre hôtel dans un quotidien français. Rédigez-la en cinquante mots maximum en soulignant ses avantages. Variez les formes : (extrêmement moderne, particulièrement bien insonorisé, exceptionnellement accueillant, très confortable, le plus célèbre, la meilleure table, etc.).

La cuisine

1. Préparer un plat

 ## 1.1 Donner la recette

Au téléphone :

Pascale : Allô, Fabienne, c'est Pascale.

Fabienne : Salut, Pascale, ça va ?

Pascale : Dis, tu peux me donner la recette de tes crêpes ? Ce soir, j'aimerais faire des crêpes comme dessert. Tu sais, il y a mon mari qui a invité son patron …

Fabienne : Mais oui, pas de problème. C'est facile. Il te faut seulement de la farine, de l'huile, du sucre, du sel, du lait …

Pascale : Mince, je n'ai plus de lait à la maison. Tant pis, de toute façon, je dois aller chez l'épicier.

Fabienne : … et des œufs.

Pascale : D'accord, mais combien de farine et …

Fabienne : Prends note, sinon tu vas tout mélanger.

Pascale : Ça y est, vas-y !

Fabienne : Alors, tu prends 250 grammes de farine, puis …

Pascale : Attends, attends … zut ! j'ai oublié le rôti dans le four ! Je te rappelle dans 5 minutes.

Remarques

Ingrédients :				
Il me/vous faut	du sucre	de la farine	de l'huile	des œufs
	du lait	de la confiture	de l'alcool	des herbes
	du sel	de la limonade	de l'ail	des fruits
	du cognac	de la crème	de l'eau	des légumes

Quantité

Combien *de* (farine) est-ce qu'il faut ?

Il faut	200 grammes de	un morceau de	assez de
	un demi-kilo de	une tranche de	beaucoup de
	une livre de	une feuille de	peu de
	un kilo de	une noix de	une pointe de
	un seizième (1/16) de	une boîte de	une pincée de
	un huitième (1/8) de	une tasse de	
	un quart (1/4) de	deux cuillères à soupe/café de	
	un tiers (1/3) de	un coup de	
	un litre de	quelques gouttes de	

Attention !!

Pour une crêpe il *ne* faut *pas de* poivre.
Ne prenez *pas de* vinaigre !

Pascale : Allô, Fabienne, c'est encore moi. On peut continuer? J'ai noté 250 grammes de farine ; et du lait . . . ? Combien est-ce qu'il en faut ?

Fabienne : Tu en prends un demi-litre.

Pascale : Et les œufs? J'en prends un paquet de 6 ?

Fabienne : Mais non, 4 ou 5, ça suffit !
Ensuite un peu de sel, mais n'en prends pas trop !

Pascale : Oui, oui, ne t'en fais pas !

Fabienne : Bon, c'est tout. Alors, tu prends un grand saladier, tu y mélanges la farine, le sel et un peu de sucre. Puis il faut ajouter les œufs un à un, verser le lait et bien remuer le tout. Si la pâte est trop épaisse, tu ajoutes encore un peu de lait. Enfin tu peux parfumer la pâte avec de l'eau-de-vie, du rhum ou du cognac. Voilà, c'est tout.

Pascale : Parfait, merci. Et combien de pâte est-ce qu'il me faut pour une crêpe ?

Fabienne : Ben, tu en verses dans la poêle juste assez pour garnir le fond. Allez, bonne chance et amusez-vous bien !

Remarques :

_____

_____

_____

_____

_____

_____

_____

_____

_____

_____

Attention !

Pour faire des crêpes, il faut de la farine ?
    Oui, il *en* faut 250 grammes.
On prend aussi du lait ?
    Oui, on *en* prend un demi-litre.
Et combien d'œufs ?
    Il *en* faut 4 ou 5.
On met aussi du sel ?
    Oui, on *en* met un peu.
Et du sucre, il *en* faut combien ?
    (Il en faut) une cuillère.
Vous prenez aussi du cognac ?
    Non, je n'*en* prends pas.

Formule « Passe-partout » pour donner une recette :

Vos invités sont ravis du plat que vous leur offrez et en demandent la recette. Vous leur expliquez en détail la préparation.

Je vous sers : « ...(1)... ». C'est ...(2)...

Pour ...(3)... personnes il faut ...(4)... de (5)...

(La recette est pour ...(3)... personnes. Comme ingrédients il faut ...(4)...(5)...)

Mais d'abord, on doit ...(6)...(5)...

Ensuite (...7... impératif) prenez les ingrédients déjà préparés et ...(7)...-les (très doucement).

(7)... le tout pendant ...(8)... Après ça, goûtez-le, ajoutez ...(5)... et (re)mettez-le ...(9)...

pendant ...(8)... Le plat est enfin prêt à servir, décorez-le encore avec ...(5)... Je vous conseille de ...(10)... Servez le plat avec ... (11)...

Bon appétit !

1 **Nom du plat :** une bouillabaisse, une pizza, un coq au vin, un poulet à la grecque, etc.
2 **Précision :** une soupe de poisson provençale, une spécialité italienne, un plat léger, un dessert délicieux.
3 **Nombre de personnes :** 2, 4, 6, une dizaine, une douzaine, une quinzaine,...
4 **Quantité :**
5 **Ingrédients :**
6 **Avant-préparation :**
7 **Préparation :**
8 **Temps de cuisson, de préparation :** 6 secondes, 10 minutes, un quart d'heure, une demi-heure, une heure et demie, toute la matinée, quelques instants,...
9 **Appareils ménagers — ustensiles de cuisine :** au four, sur le feu, sur le barbecue, au frigidaire, sur une planche, dans une casserole, dans une cocotte-minute, dans une poêle, dans un moule, dans un bol (mélangeur), dans un saladier, sur une assiette,...
10 **Conseil du chef :** le préparer la veille, ajouter quelques gouttes de cognac, le servir bien chaud, ne pas le faire trop cuire, le faire cuire dans peu d'eau, le laisser refroidir avant de le manger, incorporer un blanc d'œuf battu en neige, bien saler, bien assaisonner, le garnir de...
11 **Proposition pour accompagner le plat :** du fromage, de la moutarde, de la mayonnaise, des frites, de la salade, du riz, du vin blanc, du champagne, du sirop,...

1.2 Minilexique de la cuisine

Modes de cuisson			
blanchir	passer de l'eau bouillante pour faire cuire certains légumes avant de les préparer	mijoter	un ragoût faire cuire lentement et à petit feu
bouillir	faire bouillir le lait, l'eau (tous les liquides)	pocher	ex. : des œufs, des poissons ; tremper quelques instants dans l'eau bouillante sans la coquille
braiser	faire cuire à feu doux dans une casserole fermée	poêler	ex. : escalope poêlée faire cuire à la poêle avec un corps gras
cuire	préparer des aliments par l'action de la chaleur		
cuire à l'étouffée	faire cuire à la vapeur ; étuver	réduire	laisser cuire une sauce à découvert pour la rendre plus concentrée
frire	faire cuire un aliment dans un bain de corps gras bouillant (pommes de terre frites) faire cuire à la poêle (le poisson frit)	rôtir	ex. : de la viande, du gigot, des tartines ; les faire cuire au four, à la broche, sur le gril
gratiner	couvrir un mets de chapelure ou de fromage râpé et le faire dorer au four	saisir	ex. : une côtelette exposer à une forte chaleur pour roussir la surface
griller	ex. : des sardines grillées, du pain grillé faire rôtir sur le feu, un gril ou la braise	sauter	ex. : pommes de terre sautées ; faire cuire à feu vif en les faisant sauter de temps en temps

assaisonner — ex.: une salade ;
ajouter des ingrédients (condiments) pour améliorer le goût (sel, poivre, etc.) *(mejorar, gusto)*

(rociar, regar una carne)
arroser — ex.: arroser le rôti ;
verser de l'eau ou du jus sur le rôti *(verter)*

battre — ex.: le blanc d'œuf, battre des œufs en neige ; *(batir)*

(enmantecar)
beurrer — couvrir de beurre

couper *(cortar)* — couper en rondelles
— en dés
— en morceaux
— en tranches
— en tronçons
— en julienne
— en bâtonnets
— en paysanne
— en bracelets
— en chiffades
ciselé *(laminado)*
concassé

décorer — ex.: décorer d'un rond de citron ; *(de citrón)*
garnir un plat

(descascarar)
décortiquer — ex.: le homard ;
enlever la coquille d'un fruit

(desglosar)
déglacer — ex.: ajouter un peu de liquide pour dissoudre le jus caramélisé au fond d'une casserole

(desengrasar)
dégraisser — ex.: le bouillon ;
retirer la graisse

(diluir)
délayer — ex.: de la farine dans l'eau pour faire une pâte ; *(remojando)*
dissoudre en trempant dans un liquide *(disolver)*

(deshuesar)
désosser — ex.: la viande, le poisson ; *(espinas)*
retirer les os d'une viande, les arêtes d'un poisson *(pescado)*

(dejar secar)
dessécher — rendre sec

égoutter *(escurrir)* — ex.: du fromage ;
laisser écouler le liquide goutte à goutte *(gota)*

(laminar)
émincer — ex.: du lard, un oignon ;
couper en tranches fines

éplucher *(pelar)* — ex.: des oranges, des oignons ;
enlever les parties inutiles ou mauvaises d'un légume, d'un fruit

(desaguar)
faire dégorger — ex.: laver de la viande, du poisson pour les débarrasser de certaines impuretés *(liberar)*

(des... mar)
(derretir)
faire fondre — ex.: du beurre, du sucre ;
rendre liquide

(rellenar)
farcir — ex.: un poulet ;
tomates farcies
remplir de farce *(vestir)*

(enharinar)
fariner — ex.: le poisson enrober de farine

ficeler — ex.: un rôti, une volaille ;
lier avec de la ficelle *(atar)*

(ahumar)
fumer — ex.: de la viande, du poisson, du lard ;
sécher à la fumée pour en assurer la conservation

(acompañar)
garnir — ex.: choucroute garnie, un plat de bœuf garni

(glasear)
glacer — ex.: un gâteau, une crème ;
couvrir d'une couche de sucre
ex.: un rôti ; *(capa)*
l'arroser de jus pour le rendre brillant à la cuisson

(picar)
hacher — ex.: de la viande hachée ;
passer au hachoir *(picadora)*
(picadillo) le hachis : morceaux de viande, de volaille, etc. utilisés comme farce (hachis de porc)

(mechar)
larder *(con)* — ex.: larder un rôti de bœuf ;
(paucita) *(picar)* piquer une viande de petits morceaux de lard *(paucita)*

(ligar)
lier — ex.: une sauce ;
l'épaissir (avec de la farine)

(macerar)
macérer — ex.: laisser macérer la viande dans une marinade *(remojar)*
laisser tremper dans un liquide

(vinagreta)
(marinar)
mariner — ex.: des harengs ; *(salmuera)*
tremper dans une saumure faite de vinaigre, de sel, d'huile, d'épices *(especias)*

(mezclar)
mêler, mélanger — ex.: de l'eau avec du vin

paner *(empanar)* — ex.: des escalopes ; *(pan rallado)*
couvrir de chapelure avant de frire

parfumer — aromatiser

plumer *(sacar las plumas)* — ex.: un poulet ;
enlever les plumes

poivrer *(pimienta)* — assaisonner de poivre

remuer *(remover)* — ex.: la salade, une sauce ;
tourner

saler *(salar)* — assaisonner de sel

saucer *(salsear)* *(sopar)* — ex.: le pain ;
tremper dans la sauce

tamiser *(tamizar)* — ex.: la farine ;
passer au tamis

trancher *(cortar)* *(en rodajas)* — ex.: du pain, de la viande ;
couper en tranches

tremper *(remojar)* — ex.: une tartine dans un bol de café ;
plonger dans un liquide

(verter)
verser — ex.: de l'eau dans une casserole ;
mettre, transvaser *(pasa de un vaso el otro)*

«Une salade niçoise», c'est un plat léger et rafraîchissant. Pour 4 personnes il faut 2 œufs durs, 1 petite boîte de haricots verts, 2 pommes de terre cuites, 2 tomates, 1 laitue, 1 oignon, 1 poivron, 1 grosse boîte de thon à l'huile, des olives vertes et noires et de la vinaigrette.

Mais d'abord on doit laver la laitue, les tomates, le poivron et les haricots verts, puis couper les tomates en quartiers, les pommes de terre et l'oignon en rondelles, le poivron et les haricots en morceaux.

Ensuite laissez cuire les œufs pendant 10 minutes ; entretemps préparez la vinaigrette avec de la moutarde, du vinaigre, de l'huile, du sel et du poivre. Puis prenez les ingrédients déjà préparés et mettez-les dans un saladier, ajoutez le thon et mélangez tout très doucement. Maintenant versez un peu de vinaigrette et remettez le saladier dans le frigidaire pendant une demi-heure. Le plat est enfin prêt à servir, décorez-le encore avec les olives.

Je vous conseille de mettre le reste de la vinaigrette et de remuer seulement au moment où on sert la salade.

Servez le plat avec un bon vin rouge. Bon appétit !

Tarte aux pommes fine et chaude

Versez la farine sur la table en formant un puits, dans lequel vous mettez le sel, le sucre, les œufs entiers et le beurre coupé en morceaux. Travaillez du bout des doigts en ajoutant un peu d'eau, de façon à obtenir une boule de pâte que vous laissez reposer 2 h dans un endroit frais. Étendez-la très finement sur la table légèrement farinée. Découpez-la en un rond parfait, à l'aide d'un grand plat ou d'un carton. Posez-la sur la plaque du four légèrement huilée. Épluchez les pommes, pendant le repos de la pâte, en évidant le centre. Coupez-les en deux, débitez-les en fines tranches et rangez-les en rosaces sur la pâte en démarrant de l'extérieur pour venir vers le centre. Saupoudrez de sucre en poudre et enfournez à four chaud 210° (thermostat 7) pendant 15 minutes environ. En fin de cuisson, le sucre doit être caramélisé à la crête des tranches de pommes. Servez chaud, accompagné d'un pot de crème fraîche et de calvados. Chacun arrosera sa tarte selon sa fantaisie.

Pour 6 à 8 personnes :
Pour la pâte :
250 g de farine
150 g de beurre
2 œufs
1 pincée de sel
1 cuillerée à soupe de sucre
1 verre d'eau

Pour la garniture :
1 kg de pommes reinettes
100 g de sucre
crème fraîche
calvados

Préparation : 30 min
+ 2 h de repos
Cuisson : 15 min

LE CONSEIL DU CHEF :
Guy Uldry, de Chez Rose, à Lyon, vous recommande de boire un vin blanc barsac avec cette tarte fine.

1. Réécrivez la recette de la tarte aux pommes en utilisant l'infinitif (attention à la place des pronoms !).

2. Écrivez la recette de votre plat national en respectant la subdivision traditionnelle : ingrédients, préparation, temps de cuisson, façon de servir.
   Donnez au besoin vos petits conseils ainsi que la boisson à servir.

2. La gastronomie française

 ## 2.1 Comment mangent les Français

Après un **petit déjeuner** léger (café, avec ou sans lait, tartines avec beurre et confiture ou croissants), le repas de midi était traditionnellement le repas principal : entrée, plat de viande avec légumes, salade, fromage et dessert, le tout arrosé de vin. Le dîner était un peu moins lourd : potage, plat principal, fromage et dessert.

L'alimentation quotidienne s'est modifiée. Les Français ont tendance à manger moins. Dans les villes, le **déjeuner** souvent pris à l'extérieur par les enfants et les gens qui travaillent (à la cantine ou dans un bistrot) est rapide et plus léger. Il se compose souvent d'un casse-croûte et d'un café. Le dîner qu'on prend en famille devient le repas le pus important. Les femmes sont moins disponibles pour faire la cuisine. Les conseils des médecins et les canons de l'esthétique incitent également les Français à surveiller leur alimentation. Il en va différemment à la campagne où le repas de midi reste un vrai repas avec hors-d'œuvre, viande, légumes, fromage et dessert.

Mais manger reste un des plaisirs avoués des Français et toutes les occasions sont bonnes pour faire un « gueuleton » : dans les fêtes familiales, soirées entre amis, repas d'affaires, on n'hésite pas à boire l'apéritif avant le repas, et le digestif après, les plats eux-mêmes étant accompagnés de bons vins! Il arrive même qu'au milieu du festin, on vous offre un « trou normand » : c'est un petit verre d'alcool (en principe du calvados) qui permet, paraît-il, de faire une pause et de mieux continuer ensuite...

 ## 2.2 Les régions de la France et leur cuisine

A Paris et dans la région parisienne

On trouve dans Paris de nombreux restaurants qui servent une excellente cuisine provinciale.

Les grands restaurants de Paris sont réputés et proposent les spécialités de leurs chefs (cuisiniers).

Vous pouvez dîner au sommet de la tour Eiffel ou dans la semi-obscurité d'une cave, dans un petit bistrot du Quartier Latin ou dans une grande brasserie du quartier Montparnasse.

En Bretagne et en Normandie

— des fruits de mer (crustacés : homards, crevettes, langoustes)
— des poissons de mer
— des crêpes bretonnes
— du beurre salé
— des gigots, des tripes
— des fromages : Camembert, Pont-l'Evêque
— des boissons : cidre, calvados

Dans le midi/en Provence

— la cuisine faite avec de l'huile d'olive, de l'ail et des herbes de Provence
— de la soupe de poissons (de la bouillabaisse et de la bourride)
— des pâtes
— de la ratatouille niçoise (tomates, olives, aubergines, poivrons, concombres)
— des fruits (pêches, raisins, abricots)
— des fromages : roqueforts (Roussillon, Languedoc)
— des vins : côtes du Rhône, rosé de Provence
Dégustez la bouillabaisse à Marseille et dans les restaurants de la côte !

En Auvergne

— de la charcuterie (jambon en croûte, saucisson)
— de la potée (soupe au lard avec saucisses et légumes)
— des fromages : Bleu d'Auvergne, Roquefort

La cuisine française est riche en recettes auvergnates.

A Paris, il y a de nombreux restaurants auvergnats.

Dans le sud-ouest

— des crêpes à la bordelaise
— du foie gras des Landes et du Périgord
— du confit d'oie
— du cassoulet (région de Toulouse)
— du jambon de Bayonne
— tous les vins de Bordeaux et de Cahors

En Champagne

— des poissons de rivière
— de la charcuterie (andouillette, boudin blanc, jambon, ...)
— des fromages : Brie, Coulommiers
— des biscuits de Reims
— de la moutarde de Meaux

Dans la région lyonnaise et en Bourgogne

Les spécialités sont très nombreuses dans ces régions gastronomiques.
— des quenelles de brochet
— de la poularde de Bresse
— des escargots de Bourgogne
— des écrevisses, du gras-double, du saucisson chaud
— des fromages : chèvre, bleu de Bresse
— tous les vins de Beaujolais et de Bourgogne
Des restaurants gastronomiques sont installés dans le vieux Lyon, les rues sont pittoresques et la cuisine excellente.

En Alsace-Lorraine

— de la charcuterie
— de la quiche lorraine
— du foie gras d'Alsace
— du gibier
— des saucisses
— des fruits (cerises, prunes)
— des fromages : Munster, Romatour
— des tartes aux fruits et le kouglof
— de la bière et tous les vins d'Alsace

La choucroute de Strasbourg est réputée. Il faut la manger avec du vin blanc sec ou de la bière.

En Corse

— des poissons de la Méditerranée
— de la charcuterie corse
— des vins et des fromages de l'île

N'hésitez pas à aller dans la montagne pour acheter la « copa » et le jambon !

2.3 Recettes de quelques plats régionaux

1/ faire cuire dans de l'eau du lard coupé en morceaux.

2/ hacher du jambon.

3/ mélanger jambon, lard, œufs et crème, saler, poivrer, ajouter une cuillère à soupe de farine mélangée avec une cuillère à soupe de lait.

Quiche Lorraine

Couper du lard en petits morceaux ● le faire cuire une demi-heure dans de l'eau ● hacher du jambon, le mélanger dans un saladier avec le lard cuit, quatre œufs battus et quatre cuillères à soupe de crème ● saler, poivrer ● ajouter une cuillère à soupe de farine mélangée à une cuillère à soupe de lait ● préparer une pâte en mélangeant dix cuillères de farine et trois cuillères à soupe d'huile, un verre d'eau et du sel ● faire une boule avec la pâte ● étendre avec un rouleau à patisserie ● mettre la pâte dans une tourtière beurrée ● mettre sur la pâte le mélange lard, jambon, œufs, crème ● faire cuire vingt minutes au four.

4/ préparer une pâte en mélangeant dix cuillères à soupe de farine et trois cuillères à soupe d'huile.
ajouter peu à peu un verre d'eau et un peu de sel.

5/ étendre la pâte avec un rouleau (mettre de la farine sur la table avant d'étendre la pâte).

6/ mettre la pâte dans une tourtière beurrée.
verser dessus le mélange : lard, jambon, œufs et crème.

1/ faire cuire les poissons dans l'eau.

Soupe de poissons

Mettre des poissons coupés en morceaux dans un litre et demi d'eau (on peut aussi faire la soupe avec des têtes de poissons) ● saler, poivrer ● ajouter des oignons coupés et de l'ail ● faire cuire vingt minutes ● quand les poissons sont cuits, les retirer du bouillon ● enlever les arêtes ● bien écraser les poissons ● les remettre à cuire dix minutes dans le bouillon ● bien remuer ● passer dans une passoire très fine ● servir avec des croûtons ● on peut aussi servir avec un aïoli.

2/ retirer les poissons.

3/ enlever la peau et les arêtes, écraser les poissons.

4/ remettre les poissons écrasés à cuire dans le bouillon.

5/ passer la soupe dans une passoire.

1/ couper une petite rondelle du dessus de la tomate.

2/ creuser l'intérieur de la tomate ; saler, poivrer.

3/ faire dorer la chair à saucisse.

Tomates farcies

Couper une petite rondelle du dessus de chaque tomate ● creuser la tomate avec une cuillère ● saler, poivrer ● faire dorer à l'huile de la chair à saucisse ● remplir l'intérieur des tomates avec la chair à saucisse ● mettre dans un plat avec une cuillère d'huile et un demi-verre d'eau ● faire cuire au four trente minutes.

4/ remplir l'intérieur des tomates avec la chair à saucisse.

5/ mettre à cuire avec une cuillère d'huile et un demi-verre d'eau.

Tomates provençales

Couper les tomates en deux ● saler, poivrer ● les mettre dans une poêle avec trois cuillères d'huile chaude ● ajouter de l'ail haché ● faire mijoter vingt minutes ● retourner doucement les tomates pendant la cuisson.

Quiche aux courgettes

Pour 6 personnes :	4 œufs
Pour la pâte :	175 g de crème
250 g de farine	75 g de beurre
125 g de beurre	2 gousses d'ail
1/2 verre d'eau	sel, poivre
1 pincée de sel	1/2 cuillerée à café de curry
Pour la garniture :	**Préparation :** 30 mn
1 kg de petites courgettes	**Cuisson :** 40 mn

La pâte : travaillez du bout des doigts la farine avec le beurre divisé en petits morceaux. Mouillez avec l'eau salée. Formez une boule, laissez reposer 1/2 heure au frais. □ La garniture : lavez et essuyez les courgettes, coupez les deux extrémités puis taillez-les en rondelles. Dans une poêle, faites chauffer le beurre. Mettez les courgettes à dorer sans qu'elles cuisent de trop. Elles doivent rester croquantes. Saupoudrez d'ail haché. Egouttez. □ Dans un grand bol, battez les œufs en omelette, ajoutez la crème, le curry, sel et poivre. Mélangez. Etendez la pâte au rouleau, chemisez-en un moule à tarte beurré. Dans le fond de pâte disposez les rondelles de courgettes, versez l'appareil œufs-crème dessus. Faites cuire à four chaud 230° (7 au thermostat) pendant 20 mn. Réduisez la chaleur à 180° (5 au thermostat). Laissez cuire encore 20 mn. Servez chaud.
Notre conseil : *n'épluchez surtout pas les courgettes.*

Délices au chocolat

Pour 20 petits fours :	Préparation : 30
2 blancs d'œufs	Cuisson : 20
50 g de poudre	NOTRE CONSEIL :
d'amandes	la cuisson de la crème
100 g de sucre en poudre	et du chocolat est à
40 g de farine	point le mélange
30 g de beurre	nappe le dos de la
100 g de crème fraîche	spatule d'une couche
50 g de chocolat	épaisse.

Préparez la pâte : mélangez la poudre d'amandes, le sucre en poudre, la farine. Ajoutez les blancs d'œufs non battus, puis le beurre fondu. Beurrez des petits moules de 3 cm de diamètre, remplissez-les de pâte et faites cuire à four chaud 240° (thermostat 8) pendant 10   . Démoulez   sur une grille. Préparez la crème : faites chauffer doucement la crème fraîche dans une casserole à fond épais.   elle bout, ajoutez-lui le chocolat coupé en morceaux, remuez à la spatule pour obtenir un mélange homogène. Laissez refroidir puis fouettez-le vigoureusement   il devienne mousseux. Remplissez-en aussitôt une poche munie d'une douille cannelée. Décorez chaque délice d'un peu de crème au chocolat.

Tarte aux quetsches

Pour 6 personnes :		Pour la garniture :
Pour la pâte :		1 quetsches
200	farine	80 sucre semoule
90	beurre	1 cannelle
	œuf	1
10	levure de boulanger	Sucre glace
1/2	lait	Préparation : 30 minutes,
2		2 heures à l'avance
sucre semoule		Cuisson : 30 mn
1	sel	NOTRE CONSEIL :
		avec cette pâte qui est
		briochée, utilisez de
		préférence un moule à
		fond non amovible.

La pâte : émiettez la levure dans le lait tiède. Faites une fontaine avec la farine, au centre mettez l'œuf, le sucre, le sel, 80 g de beurre ramolli et la levure délayée. Peu à peu, mélangez le tout pour obtenir une pâte souple. Couvrez-la et laissez-la lever 2 heures dans un endroit tiède. Lorsqu'elle a doublé de volume, rompez-la avec les doigts et tapissez-en un moule à tarte légèrement beurré. Laissez-la reposer. Pendant ce temps, lavez les quetsches, essuyez-les, ôtez leurs noyaux et coupez-les en quatre. Disposez-les sur le fond de pâte (peau contre la pâte) en les serrant bien. Saupoudrez de sucre et faites cuire à four chaud pendant 30 minutes (210°, thermostat 7).
Démoulez au sortir du four, saupoudrez le dessus du mélange cannelle-sucre glace, et laissez refroidir sur une grille.

 Écrivez

1. Réécrivez les quatre premières recettes régionales à l'infinitif (attention à la place des pronoms et de l'adverbe « bien »).
2. A l'aide des indications de temps indéterminées et déterminées suivantes, complétez la recette des délices au chocolat :
min (2) - au sortir du - dès qu' - minutes - jusqu'à ce qu' - lorsque.

3. A l'aide des indications de quantité indéterminées et déterminée suivantes, complétez la recette de la tarte aux quetsches :
pincée de - cuillerée à café de - 1 - verre de - cuillerée à soupe (2) - g de (4) - kg de.

GÂTEAU SACHER

Mélanger dans une terrine le beurre avec la moitié du sucre en poudre, travailler pour obtenir un mélange mousseux. Ajouter le chocolat ramolli, les jaunes d'œufs l'un après l'autre, puis le reste du sucre. Battre les blancs en neige très ferme, les incorporer avec soin et mettre en dernier lieu la farine. Verser la pâte dans un moule à biscuit beurré. Cuire à feu vif, laisser refroidir dans le moule. Démouler le gâteau quand il est froid et garnir la surface avec une gelée d'abricots chaude.
Se sert en gâteau entier ou en portions.

3. La brigade classique de la cuisine

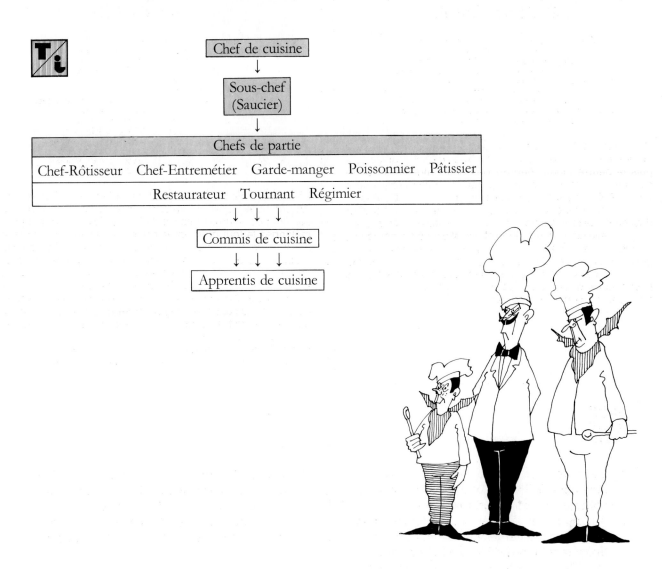

Chef de cuisine
↓
Sous-chef
(Saucier)
↓

Chefs de partie

Chef-Rôtisseur Chef-Entremétier Garde-manger Poissonnier Pâtissier

Restaurateur Tournant Régimier

↓ ↓ ↓

Commis de cuisine

↓ ↓ ↓

Apprentis de cuisine

Dans les grandes cuisines, on trouve encore le **boucher** et **charcutier** (qui ont rang de chef de partie) et les **cafetiers** (surtout pour la préparation du petit déjeuner).

Chef de cusine: Responsable de tout ce qui concerne la cuisine et l'activité de sa brigade.

Sous-chef: Comme son nom l'implique, il seconde le chef et le remplace pendant toutes ses absences.

Chef de partie: Il est désigné selon la partie qu'il occupe; soit chef saucier, chef entremétier etc. Il a un ou plusieurs commis sous ses ordres.

Rôtisseur: Chargé de la préparation de: rôtis de viande, volaille, gibier et ses jus d'accompagnement; grillades et fritures de viandes et poissons.

Entremétier: Préparateur des légumes, potages et consommés, œufs, pâtes alimentaires, farineux etc.

Garde-manger: doit être un bon décorateur parce qu'il s'occupe de la cuisine froide, hors-d'œuvre etc.

Pâtissier: A la charge de tous les entremets (mets sucrés), crèmes, glaces, fruits crus ou cuits etc.

Restaurateur: Surveille le travail de restauration (mets à la carte).

Tournant: Remplace les chefs de partie pendant les journées de congé ou de vacances.

Régimier: Cuisíne diététique. Exécution de tous régimes et crudités, aliments légers et peu assaisonnés.

Commis: Jeune cuisinier subordonné à un chef de partie.

Apprentis: Jeunes filles ou garçons qui apprennent le métier.

4. Textes

DIX ANS APRÈS LE PROCÈS DE LA NOUVELLE CUISINE

Il y a plus de dix ans, le Guide Gault-Millau lançait la Nouvelle Cuisine. Qu'en reste-t-il? Que recherchent les Français? Quels seront les mots clés de demain? Avec le concours de dizaines de chefs, Christian Millau s'efforce de répondre à votre curiosité.

Quand on lance quelque chose de nouveau et que cela marche, la tentation à laquelle il vaut mieux ne pas céder, c'est de le relancer plus tard en lui collant des habits neufs. La deuxième mouture dégage une triste odeur de réchauffé et le public, d'ailleurs, donne rarement dans le panneau. Dans le langage de l'art, cela s'appelle « faire du style », et l'on sait qu'un meuble « de style » a toujours l'air soit trop pauvre, soit trop riche, à côté d'un meuble « d'époque ». Le néo-classicisme n'a jamais pu éclipser le vrai, et les « nouveaux romantiques », ressuscités il y a quelques années, se sont vite pris les pieds dans leur écharpe et se sont étalés.

Quand le magazine Gault-Millau a lancé, en 1973, la Nouvelle Cuisine, il y avait un besoin à combler, une réponse à apporter. Notre formule, qui n'était rien de plus qu'une formule, traduisait la réalité du bouleversement dont nous percevions l'imminence dans l'art culinaire. Elle fit le tour du monde, souleva des passions contradictoires, eut des effets positifs, et certains négatifs, mais dix ans ont passé, la Nouvelle Cuisine n'est plus nouvelle et l'on ne peut s'offrir le ridicule de repasser le plat en le baptisant d'un nouveau nom. « Tous les nouveaux vocables qu'on va essayer d'inventer, me disait l'autre jour Alain Senderens, ne seront que des gadgets publici-

taires. Quand il naîtra quelque chose de vraiment neuf, un mot naîtra spontanément pour le désigner. » En revanche, la question que tout le monde se pose et que l'on me pose, en particulier à l'étranger, c'est de savoir où nous en sommes et où va la cuisine.

Avec Catherine Gilbert, qui m'a aidé dans cette enquête, je vais essayer de répondre. Pendant des semaines, nous avons interrogé des cuisiniers, des critiques, de simples clients et, comme il n'est pas possible de les citer tous, je me suis efforcé de faire la synthèse de leurs opinions, tout en en mentionnant quelques-uns dont les réponses m'ont paru particulièrement significatives. Cela n'a peut-être pas la valeur d'un sondage mais, en tout cas, vous serez frappé, comme je l'ai été, par le consensus existant autour de quelques idées-forces.

A

« Ère de digestion », « période de réflexion »... Ces mots reviennent sans cesse. « C'est le moment de faire le point, avant de repartir en avant », dit Jean-Claude Vrinat, le propriétaire de Taillevent. « Il faut digérer, précise Michel Guérard, le remue-ménage

causé par la Nouvelle Cuisine, dans un laps de temps extrêmement court, par rapport à la période antérieure, où rien ne s'était passé pendant des dizaines et des dizaines d'années. » « Après la folie créatrice, nous avons atteint une période de saine sagesse », estime Alain Dutournier (Le Trou Gascon, à Paris). « Nous assistons à un phénomène de maturation de la cuisine moderne », confirme Claude Lebey, le chroniqueur gastronomique de *l'Express*.

Digestion, réflexion : deux mots clés pour qualifier la période actuelle.

B

De la part des clients, cinq reproches principaux :

1) « **Les chefs ont pris la grosse tête :** avec la Nouvelle Cuisine, ils sont devenus des ''vedettes''. Ils écrivent des livres, donnent des conférences, voyagent à l'étranger. » « Bocuse a dit : la cuisine aux cuisiniers ! Moi, je dis : les cuisiniers aux fourneaux ! » « Ce sont les Précieuses Ridicules des années 80. » « On leur demande de nous faire à manger. Pas de se prendre pour des artistes. »

2) **Grandes assiettes, mais petites portions :** « Ils nous prennent pour des oiseaux. » « J'ai honte quand j'invite des amis au restaurant. » « Au prix où ils comptent leurs plats, c'est scandaleux. », etc. A noter, toutefois, que ces reproches s'adressent rarement aux grands restaurateurs très connus ; disons nos « quatre » et « trois toques ».

3) **La monotonie :** « La Nouvelle Cuisine se vante d'avoir apporté la diversité aux menus, mais on nous sert partout les mêmes plats. » « Manger à Nice comme à Paris, à Lille comme à Bordeaux, c'est une régression. » « La plupart des chefs n'ont pas d'imagination, alors ils se copient les uns les autres. »

4) **Le maniérisme.** Maniérisme dans les présentations : « Il y en a assez du cérémonial des cloches que quatre guignols soulèvent en même temps ! » « Avec leurs assiettes toutes dressées, ils font des tableaux japonais, mais pas de la cuisine. » « C'est joli, ces petits légumes coupés en seize, mais ça ne rime à rien. » Maniérisme, également, dans les recettes : « Pour faire original, ils se croient obligés de mélanger tout et n'importe quoi. » « Qui nous débarrassera des kiwis ? » « Vous devriez faire une étude sur l'homosexualité dans la cuisine. La Nouvelle Cuisine, c'est une cuisine de pédérastes. »

5) **La fadeur :** un reproche qui revient assez souvent et met surtout en cause la cuisson à la vapeur des poissons. « Ça n'a pas de goût. » « A vouloir faire pur, ils font fade. » « La vapeur d'eau, ça ne peut pas être bon. Pourquoi ne mettent-ils pas des légumes et des aromates ? »

A cela, les cuisiniers répondent, on s'en doute, qu'ils n'ont pas la grosse tête, qu'ils servent des portions normales, que leurs menus sont différents de ceux des autres, que la cloche, c'est joli (ou bien qu'il n'y en a pas chez eux : « Je ne le fais plus, car aujourd'hui je trouve cela ridicule », dit Marc Meneau, à Saint-Père-sous-Vézelay), qu'avant le canard à la mangue ou au citron vert, il y avait bien le canard à l'orange, qu'on n'a pas le droit de les traiter de pédés (quand ils ne le sont pas... et quand ils le sont, que cela n'a pas de rapport avec la cuisine), et qu'enfin, leurs plats ont du goût. Néanmoins quelques-uns, parmi les chefs ou les critiques, mettent au débit de la Nouvelle Cuisine : « Les faux créateurs qui piquent les idées des autres » (Michel Guérard). « Les jeunes cuisiniers s'imaginent, à 25 ans, qu'ils n'ont plus rien à apprendre » (Michel Piot, du *Figaro*). « Comme dans le passé, il y a très peu de cuisiniers de grand talent et la paresse des chefs a même augmenté » (Claude Lebey). « Certains critiques gastronomiques ont utilisé trop de superlatifs et encensé des cuisiniers qui se borneraient à en copier d'autres » (Alain Senderens). « Il faut que les cuisiniers soient plus sérieux ; devenus des créateurs à part entière, ils ont été propulsés sur le devant de la scène, mais n'y étaient pas préparés » (Gilbert Le Coze, Le Bernardin, à Paris).

C

Une chose est sûre : peu de professionnels d'un niveau élevé nient le bouleversement qui s'est produit dans la cuisine au cours de la dernière décennie. Y compris les plus traditionalistes comme, par exemple, Émile Tingaud, de La Ferté-sous-Jouarre. Et du côté des critiques confirmés, on ne voit guère que Courtine et La Reynière pour traiter ce mouvement, sinon par la dérision, du moins par un mépris agacé.

Aux cinq aspects négatifs en répondent, au moins, cinq positifs :
1) **Une mutation profonde.** De Paul Bocuse à Alain Chapel, de Pierre Troisgros à Roger Vergé — quelles que soient les réserves qu'ils émettent sur certains excès —, tous reconnaissent que la Nouvelle Cuisine « a fait bouger les choses » et donné un formidable coup de fouet : « La Nouvelle Cuisine a correspondu à un changement des goûts et des mœurs » (Alain Senderens), « La Grande Cuisine était devenue arthritique ; le manifeste de Gault-Millau lui a redonné une tête et des jambes » (Michel Guérard). « Ce mouvement a mis à terre des dogmes vermoulus » (Claude Imbert, directeur du *Point* et membre du « Club des Cent »).

Le journaliste de cet article a oublié d'inscrire certains titres.
Rétablissez les titres suivants qui correspondent à chacun des paragraphes A - B - C - D :

Nouvelle cuisine, côté positif –

Les tendances actuelles.
Nouvelle cuisine, côté négatif –

Comment qualifier la période actuelle ?

2) **Pas de retour en arrière :** « Les acquis de la Nouvelle Cuisine sont absolument irréversibles » (Claude Imbert). « Il y a un style de cuisine, des plats vieux jeu et inintéressants qu'aucun d'entre nous ne voudra plus jamais servir » (Jacques Maximin, Le Chantecler, à Nice). « La cuisine évoluera, mais ne reviendra pas en arrière » (Bernard Loiseau, La Côte d'Or, à Saulieu).

3) **L'enthousiasme :** « Ce mouvement a provoqué un choc qui a redonné confiance aux jeunes cuisiniers » (Pierre Gagnaire, à Saint-Étienne). « Subitement, nous avons compris que la voie était libre et nous, les jeunes, nous y sommes lancés avec enthousiasme » (Jean-Jacques Jouteux, Les Semailles, à Paris).

4) **La liberté :** « Escoffier, au début du siècle, avait réagi contre le dogmatisme culinaire mais, par paresse, les cuisiniers s'en remirent entièrement à lui et un nouveau dogmatisme, celui d'Escoffier, les aveugla.

Il fallait que cela soit remis en question » (Michel Guérard). « Il n'existe plus de dictature en matière de cuisine. Chacun s'inscrit dans ses propres frontières, mais ''s'amuse'' à l'intérieur » (André Daguin, à Auch). « La Nouvelle Cuisine nous a rendus moins systématiques, plus curieux de tout et, j'ose le dire plus intelligents » (Alain Dutournier). « A bas les ukases ! Les cuisiniers cuisinent maintenant comme ils l'entendent et c'est tant mieux » (Michel Piot).

5) **La légèreté :** le mot revient si souvent que je dois faire, à mon tour, preuve de légèreté et ne pas accumuler les citations. Deux suffiront : « La Nouvelle Cuisine a enterré les mauvais fonds de sauce et imposé les sauces légères » (Claude Lebey). « Légèreté et naturel : c'est un progrès qu'on ne remettra jamais en cause » (Guy Savoy, à Paris).

D

L'expression « Nouvelle Cuisine » ne possède plus l'impact qui fut le sien. Le contraire serait surprenant. Qui parle encore de « new-look » ou de « nouvelle vague » ? Pour les cuisiniers, la Nouvelle Cuisine est entrée dans notre héritage culinaire. On ne dit plus : « Je fais de la Nouvelle Cuisine », mais « je fais ma cuisine ». Ce qui correspond d'ailleurs exactement à l'esprit non dogmatique de la Nouvelle Cuisine à sa naissance. Est-il possible, dans ces conditions, de dégager de véritables tendances ?

Ce serait facile, si les positions de chacun étaient très assurées. Or, la nouveauté, c'est que, de plus en plus, les cuisiniers se défient des formules toutes faites et bannissent les écoles. L'appel à la liberté lancé par la Nouvelle Cuisine a été entendu et il ne s'agit pas de remplacer une contrainte par une autre. On ne peut donc parler que de courants de sensibilité, avec des accords sur des points précis.

1) **La cuisine moderne n'a pas reculé.** Si elle avait été enterrée, comme certains le prétendent, on aurait dû assister à un retour en force des vieux classiques disparus. Or, il suffit de regarder les cartes des restaurants qui « donnent le ton » à la gastronomie française pour constater que les plats de style moderne n'ont pas été évacués. Au contraire, on s'aperçoit que des tenants du traditionalisme, comme, par exemple, La Tour d'Argent, le Crillon, ou, tout récemment, le Grand Véfour ont évolué ou commencent d'évoluer dans la direction de la cuisine moderne.

2) **Les excès de la Nouvelle Cuisine sont en train de disparaître.** Il y a toujours quelques excités et faux créateurs qui font n'importe quoi, mélangent tout avec le reste, servent des légumes à peine cuits et du poisson sanguinolent, mais la grande majorité s'est reprise : « Les exagérations culinaires disparaissent. On les retrouve dans le Dakota ou en Australie ! Mais ici, on garde les bons principes et on élimine les excès » (Claude Lebey).

3) Un classicisme de la Nouvelle Cuisine : l'expression est de Gilbert Le Coze et elle traduit bien les sentiments de nombreux chefs et restaurateurs : « 1984, dit Jean-Claude Vrinat, peut se définir comme un équilibre entre la Nouvelle Cuisine, adoptée par tous sur beaucoup de ses points, et la cuisine traditionnelle. » « Nous sommes revenus à plus de sagesse », confirme Alain Dutournier.

4) Le goût du rustique : il se manifeste incontestablement et je remarque en passant que le Guide Gault-Millau de la France a créé « Les Lauriers du Terroir » dès 1978. Le goût du rustique est néanmoins très inégalement réparti : il touche, en priorité — ce qui est normal —, les chefs installés en province et, à Paris, ceux qui avaient des attaches provinciales très marquées. Cela dit, c'est une tendance avec laquelle il faut compter et qui, personnellement, me réjouit.

« Les Français sont à la recherche de leurs racines. Ce mouvement s'inscrit donc parfaitement dans l'évolution actuelle » (Claude Imbert). « La phase d'équilibre où nous nous trouvons m'incite à fouiller dans l'inventaire de la cuisine régionale, négligé depuis des lustres » (Alain Dutournier). « Je sens ce retour, mais à une cuisine, malgré tout, au goût du jour : une cuisine rustique allégée » (Marc Meneau). « C'est le retour aux sources dans un état d'esprit moderne. Aujourd'hui, je sers des variétés de pommes de terre (« cornes-de-mouton », « saucisses ») qu'on ne voyait plus, du persil plat, de la vraie trévise, des tripes allégées — ça a l'air paradoxal, mais c'est très bon ! — et même la carpe à la coriandre, comme la préparait ma mère » (Jean Bardet, à Châteauroux). « Je me fais fort de faire accepter à mes clients toutes les spécialités gasconnes, y compris les tripes d'oie ! » (André Daguin). « Nous n'avons jamais vendu autant de cassoulets et de salmis, été comme hiver » (Georgette Descats, Lous Landès, à Paris).

5) La forme : c'est, semble-t-il, la quasi-unanimité. Pour la première fois dans l'histoire de la gastronomie française, les restaurateurs sont pleinement conscients de leurs responsabilités : ils entendent respecter la santé et la ligne de leurs clients. Avec Senderens, je reviendrai sur ce sujet dans notre numéro de mai, mais je tiens néanmoins à le citer ainsi que quelques-uns de ses confrères : « On disait jadis que ce qui était bon pour le palais était mauvais pour la santé. Nous avons aujourd'hui les moyens de prouver que la cuisine peut être excellente et ne pas faire de mal » (Senderens). « Le cuisinier de demain sera un peu médecin. Dans les monastères tibétains, le moine le plus sage avait l'honneur de faire la cuisine, afin de mieux protéger le corps de ses frères » (Guy Savoy). « Le cuisinier d'aujourd'hui doit dégager tous les sucs naturels et les vitamines. Ce doit être un donneur de santé et non d'indigestion » (Christian Clément). « Ne plus jamais creuser sa tombe avec une fourchette ! » (Michel Guérard).

Il ne faut évidemment pas être trop naïf et s'imaginer qu'un repas à 3 000 calories ou plus constitue la cure idéale pour se maintenir en forme… Il est plus facile de lire *Vital* que de faire sa gymnastique tous les matins ; et de vanter les vertus de la cuisine « légère » que de s'y adonner réellement. Cela dit, jamais nos grands cuisiniers n'avaient été aussi sensibilisés à ce problème. De ce mouvement sortiront plus de bonnes choses que de mauvaises.

6) L'esprit créatif. Là, les avis divergent. Beaucoup pensent qu'après l'explication due à la Nouvelle Cuisine — quelquefois mal contrôlée —, l'imagination et la créativité marquent un temps d'arrêt (toujours la fameuse période de « digestion »). D'autres, toutefois, sont restés optimistes : « Nous sommes toujours dans une phase de création, mais moins spectaculaire » (Michel Piot). D'autres le sont même résolument : « Il y a de superbes jeunes talents comme, par exemple Maximin, qui n'ont pas fini de nous étonner » (Michel Guérard). « La cuisine reprend sa personnalité et je suis prêt chaque jour à tout revoir et tout modifier.

Quant aux jeunes, ils sont plus ouverts que nous l'étions à leur âge » (Alain Dutournier). « Nous entrons dans une phase magnifique de création contrôlée » (Jean Bardet). « La Nouvelle Cuisine n'a pas diminué la créativité. Elle l'a décuplée. Elle aurait pu sombrer dans le macrobiotique ou la nullité. Et c'est tout le contraire qui se produit. » En Gascon enthousiaste, André Daguin va même encore plus loin : « C'est maintenant qu'on va pouvoir commencer ! Nous ne sommes pas à une fin, mais à un début. »

7) Mort aux sauces ! Un mouvement se dessine contre les sauces (qui n'est pas écœuré de l'abus des beurres montés ?). « Tous au jus ! », pourrait être le mot d'ordre de Bernard Loiseau, qui a éliminé les corps gras de toutes ses cuissons. Pas de crème, pas de fond, pas de sauces au beurre, ni de fumet de poisson ! Rien que les éléments propres au produit, ou l'utilisation de l'eau dosée à la goutte près. Il confesse néanmoins que c'est un art difficile : « Lorsque je déglace un pigeon avec juste une pointe d'eau, ma casserole doit être à un degré précis de chaleur pour que le jus se lie immédiatement et je dois dire que c'est assez compliqué. » Grand prêtre de l'anti-sauce, Alain Senderens cuit tous les poissons sans sauce (il met, par exemple, la raie à rôtir dans une crépine avec juste du sel et du poivre, ou ses coquilles Saint-Jacques dans une fine pellicule de pâte) et n'utilise même pas du jus de cuisson. Ces plats sans sauce sont, assure-t-il, ceux qui marchent le mieux à l'Archestrate.

Pour le moment, cette technique est encore limitée à quelques cuisiniers, dont le talent et la virtuosité ne font aucun doute. D'autres se sont engagés plus ou moins sur la même voie, comme un Christian Clément (« Mon ambition, c'est de dégager tous les sucs naturels »), un Guy Savoy, ou, en tout cas, y sont favorables comme un Jean Bardet (« Préserver au maximum les sucs naturels, les sels minéraux et les vitamines en révélant le goût authentique des produits »), et il y en aura d'autres. Mais je pense avec effroi à tous ces cuisiniers, d'un moindre talent, qui risquent de se fourvoyer et de nous servir des plats totalement insipides. Décréter la mort des sauces, alors qu'il serait déjà bien beau d'obtenir qu'on les allège toutes intelligemment, cela paraît être pour le moins risqué.

8) Les nouvelles saveurs. Les cuisiniers « de pointe », comme Maximin, Senderens, Guérard, Loiseau, Dutournier, Savoy, Gérard Vié, Bardet, etc., mais même de plus classiques, comme Taillevent ou La Tour d'Argent, sont tous d'accord pour reconnaître chez leurs clients une vive curiosité et même une attirance, pour des combinaisons de saveurs : sucré-salé, craquant-mou. Apparu avec la Nouvelle Cuisine, l'exotisme culinaire ne devrait que se développer : « La cuisine française, dit Claude Imbert, est en train d'intégrer l'exotisme, et de ce mariage peuvent naître de merveilleuses réussites, comme le homard à la vanille de Senderens ou son ris de veau retour du Japon, au soja et au miel, la langouste au curry thaïlandais d'Outhier, à La Napoule, et bien d'autres. »

Un exotisme foncièrement asiatique et extrême-oriental. Le Japon, en particulier, exerce une véritable fascination sur les cuisiniers comme Michel Peignaud (La Belle Époque, à Châteaufort) qui s'y rend chaque année, et même d'autres, dont les goûts sont plus classiques, comme Bocuse, Georges Blanc ou Pierre Troisgros. Qu'il s'agisse des techniques de cuisson, de l'usage du cru, des combinaisons de saveurs et des présentations de plats, il est fort à parier que dans les dix années à venir, on assistera à une accélération de l'internationalisation de la cuisine, marquée par une influence très forte de l'Asie qui, depuis des millénaires, combine le plaisir gustatif avec le souci très étudié des besoins réels du corps. Cela ne veut pas dire que l'on mangera chez Troisgros avec des baguettes, mais qu'il s'attendre à une sorte de métissage des cuisines.

Le risque existe de voir les cuisines nationales perdre un peu de leur caractère. Mais est-ce que, depuis toujours notre cuisine n'a pas été « sous influence » ? Rappelez-vous le retour des Croisades et la découverte des épices, l'arrivée des Médicis, les expéditions coloniales, etc. Finalement, on vit mieux en ouvrant ses fenêtres, et un peu de sang venu d'ailleurs n'a jamais fait de mal aux Gaulois. Puis, il faut compter, heureusement, avec la force de résistance des Français dès qu'il s'agit de leurs goûts alimentaires. Des échanges, oui, une invasion, non.

9) Les produits sont meilleurs. Curieusement, il n'y a que les cuisiniers moyens ou médiocres qui continuent de se plaindre de la médiocrité des produits. Les bons, eux, rouspètent évidemment contre les prix, mais estiment que, depuis quelque temps, ils voient revenir d'excellents produits qui avaient disparu. « Il a toujours fallu se donner du mal pour acheter bon, mais aujourd'hui, ça va plutôt mieux » (Georges Blanc à Vonnas). « Les produits sont de plus en plus frais. Les poissons arrivent vivants chez moi, ce qui, il y a cinq ans, était impensable » (Christian Clément). « Je commande un turbot le soir à Boulogne-sur-Mer et, le lendemain matin, il est chez moi, en Bourgogne, tout frais » (Bernard Loiseau). « Les petits producteurs disparaissaient : ils commencent à revivre grâce à nous et cela sera pour longtemps » (André Daguin). « Plus nous irons vers une cuisine pure et dépouillée, plus le produit de grande qualité trouvera preneur, ce qui incitera donc les petits artisans à les développer, comme c'est le cas aujourd'hui aux États-Unis » (Alain Senderens). « De bons produits ? Aucun problème. Suffit de connaître et de payer » (Paul Bocuse).

10) Les légumes en flèche. On s'est beaucoup moqué des « purées pour bébés » dont la nouvelle cuisine, à ses débuts, a fait un usage immodéré. Il n'empêche que les légumes, en général, sortent aujourd'hui vainqueurs de la compétition. Inutile d'allonger la liste des citations, tout le monde semble d'accord, et Christian Clément résume bien cette situation nouvelle : « L'animal régresse au profit du végétal. Nous entrons dans une ère légumière. Et pour le cuisinier, il y a là matière à création. »

11) Les clients ne sont plus les mêmes. Les restaurateurs les couvrent tellement de fleurs qu'il y a sûrement quelque chose de vrai ! Les expressions qui reviennent le plus souvent : « Le grand restaurant est désacralisé. Il ne fait plus peur. » « Le public n'a plus honte de se faire plaisir. » « De plus en plus de connaisseurs. »

« Une confiance mutuelle, dit Jean-Claude Vrinat, s'est établie entre clients et restaurateurs. Le client n'impose plus son choix et fait preuve d'un respect certain devant le talent. » « Maintenant, même des gens aux moyens modestes osent venir chez nous » (Michel Guérard). « Il y a de plus en plus de tables de jeunes, qu'on n'aurait jamais imaginé voir il y a dix ans » (Paul Bocuse). « Mes clients se nourrissent de façon intelligente. Avoir le ventre plein n'est plus un critère » (Guy Savoy). « Ils ne se sentent plus coupables. Ils sont plus détendus et les femmes, à table, jouent un rôle de plus en plus important » (André Daguin). « Les saveurs nouvelles et le respect des produits apportent à nos clients une forme de tendresse qu'ils sont heureux de trouver chez nous » (Jean Bardet).

Pourtant, les clients ont beau faire attention à leur ligne, ils ne semblent pas avoir perdu l'appétit pour autant. En tout cas, le soir, car contrairement à ce qui se passait jadis, les Français mangent plus le soir qu'à midi. « Raisonnables chez eux, chez nous ils dévorent ! » (Alain Dutournier). « C'est la fête ! » (Roger Vergé). « Ils recherchent les goûts purs et authentiques, mais mangent plutôt plus que moins » (Marc Meneau). « Depuis que j'ai inauguré mon repas "tout truffes" à six plats, je n'ai jamais eu autant de succès » (Jean-Claude Ferrero, à Paris). « Mes clients ont autant d'appétit que moi et pourtant regardez-moi ! » (Édouard Carlier, Beauvilliers, à Paris).

12) Équilibre, forme, plaisir : tels sont les trois mots clés de la cuisine française, en 1984. La Cofremca, qui étudie en profondeur, les évolutions de la société française (elle avait prévu, longtemps à l'avance, le bouleversement politique de mai 81), arrive d'ailleurs aux mêmes conclusions et utilise à peu près les mêmes mots : « La cuisine actuelle, nous a dit Henri Giscard d'Estaing, un des responsables de la Cofremca, se situe à un carrefour d'équilibre, de nutrition et de plaisir. La recherche active de sensations et d'émotions inclut à présent le besoin de se sentir bien dans son corps. C'est là quelque chose de neuf, avec lequel la cuisine devra compter. Le fait que les cuisiniers semblent de plus en plus le comprendre montre qu'ils vont bien dans le sens de l'évolution de la société française. »

Christian Millau,
avec la collaboration
de Catherine Gilbert ; Gault-Millau

La gastronomie dans le monde

Rien n'est plus faux que cette affirmation — agaçante d'autre part lorsqu'elle s'assortit du sourire prétentieux de l'ignorance — que « la cuisine française est la meilleure du monde » ! En vérité, la cuisine française est, sans aucun doute, la plus variée du monde. Et cela parce que, selon les mots de Duhamel, la France est un heureux pays.

« qui prépare en même temps l'huile d'olive et le beurre fin, le vin et la bière, qui récolte des châtaignes et des oranges, du seigle et des citrons ; qui élève des bestiaux, ménage son gibier, broie son froment, cultive une foule de légumes, même ceux de faible et de mauvais rapport ; invente des fromages, distille des eaux-de-vie, distingue les champignons, récolte du miel, pêche des poissons, fabrique du sucre, honore les œufs, ne méprise rien de ce qui se mange, même pas les grenouilles, même pas les truffes ».

Mais il est de bonne cuisine dans tous les pays. Et qui dit bonne cuisine dit gastronomie. C'est une cuisine folklorique, celle née des conjonctions de la géographie et de l'histoire, et non point celle des palaces, cette cuisine internationale et passe-partout d'essence française et qui n'en est que la caricature. Les productions du sol, les rigueurs ou les bienveillances du climat, la richesse ou la pauvreté du peuple, les guerres et les invasions ont lentement modelé ces cuisines, imposé ces gastronomies.

Le Français, enfant gâté, fidèle souvent par sottise à son bifteck-frites, a trop tendance à se moquer, sans même la connaître, d'une cuisine qui choque moins son palais que son habitude et son sentiment de supériorité. Il a tort, d'abord parce que lui-même, aujourd'hui, mange moins la cuisine française que la cuisine italienne, la cuisine d'origine latine qui s'est substituée à la cuisine des Celtes, des Vikings, des Francs, voire des Goths, qui fut « la nôtre » en s'adaptant aux ressources de notre sol, aux mœurs et au climat.

Il a tort enfin parce que, sans le savoir également, il commet des anachronismes gourmands. Le riz reste pour lui un aliment un peu exotique et la pomme de terre, un aliment français. Pourtant on cultivait le riz, en Camargue, bien avant que la pomme de terre ramenée d'Amérique par Colomb, n'arrivât en France par un long détour (Espagne, Italie, Savoie, Allemagne). Ce qui d'ailleurs démontrait l'intelligence de nos aïeux, lesquels savaient mieux que nous, eux, que la pomme de terre est un aliment sans intérêt nutritif ni goût.

La gastronomie se manifeste ainsi partout dans le monde. Et on ne parle pas du snobisme, dans les classes aisées, pour la cuisine française, mais de la possibilité d'amener, avec amour autant qu'avec art, la cuisine des produits locaux à une perfection satisfaisante pour l'esprit, l'estomac et le cœur tout ensemble. Plus on monte vers le Nord, plus le froid incline les besoins du corps vers une nourriture solide, grasse, et plus aussi il privilégie les éléments sucrés, qui sont des toniques du cœur. Ainsi a-t-on pu dire que la Belgique était « le pays des messes et des kermesses », le plaisant appétit des Belges s'associant aux tableaux des Bruegel, Teniers, Rubens dans lesquels l'appétit semble déifié. D'autre part, là où la vigne ne peut plus pousser (notons qu'autrefois elle « monta » jusqu'en Angleterre, en Normandie et autour de Paris), la bière triomphe. Il y a une civilisation de la bière. Elle implique une gastronomie, incontestablement, que l'on retrouve en Allemagne, en Belgique, dans la Scandinavie et en Angleterre.

Quant à la cuisine d'Europe centrale, elle est intimement mêlée de cuisine juive. Champs clos des batailles, territoire d'invasions, de l'occupation russe ou turque... N'est-il pas amusant par exemple de constater que le paprika, qui symbolise aujourd'hui la cuisine hongroise, ne figure dans les livres de recettes de ce pays que depuis peu de temps ? Amené par les Turcs, il fut dédaigné des Maggyars qui, eux, tribus quasi asiatiques, avaient amené également sur ce sol leurs coutumes gourmandes. Non, ce qui symbolise la Hongrie (et aussi toute l'Europe centrale), c'est l'oignon et le saindoux. [...]

1. Comment l'auteur caractérise-t-il les Français et leur « chauvinisme » concernant leur cuisine ?
   Etes-vous d'accord avec ses arguments ?
2. Quel rôle joue la région dans la cuisine et le besoin de nourriture ?
3. Quelles sont les influences qui ont marqué toute la cuisine d'Europe centrale ?

Manger demain. …

Les enfants actuellement nourris dès leur plus jeune âge d'aliments industriels (lait en poudre, conserves de légumes, extraits de viande, céréales vitaminées, etc.) seront adultes vers l'an 2000. Que mangeront-ils alors ?
Sans doute, la nourriture qui leur sera proposée sera préparée et conservée industriellement.
On peut imaginer que le « bifteck au pétrole » (s'il reste du pétrole) figurera au menu …
Il sera peut-être possible de reconstituer chimiquement beaucoup d'aliments naturels. Le temps passé à préparer et à savourer un bon repas paraîtra peut-être du temps perdu.
Dès aujourd'hui, les restaurants où la nourriture est préparée, servie et mangée en quelques minutes sont de plus en plus nombreux. Leurs noms sont significatifs ; c'est « Le prêt à manger », « La bouffe non-stop », « Le quick lunch », « Le snack », « Le hot-dog ».
Le repas traditionnel semble disparaître dans ce futur déjà commencé. Mais à côté de ces « usines à manger », les restaurants gastronomiques sont de plus en plus appréciés.
Les jeunes Français semblent très souvent intéressés par la bonne cuisine et n'hésitent pas, quand ils le peuvent, à préparer des plats compliqués. On édite des livres de recettes pour enfants. On *conseille* aux parents de laisser leurs enfants s'amuser à faire la cuisine. Les journaux, les revues proposent tous des recettes illustrées de plats appétissants.
La gourmandise, le goût de bien manger ne semblent donc pas près de disparaître …
Pourtant les groupes financiers qui s'intéressent à l'alimentation industrielle sont décidés à « prendre le nourrisson à la maternité pour l'emmener jusqu'à son dernier repas à l'hôpital …»
On peut juger, dit un sociologue, de la qualité d'une société en allant voir ses cuisines. Mais dans la société future les cuisines entièrement automatisées seront-elles encore des cuisines ou plutôt des laboratoires ?

« usine à manger — le restaurant gastronomique »
« la cuisine familiale d'aujourd' hui — le laboratoire de demain …»
Discutez ces deux aspects.

Table et littérature

Beaucoup d'écrivains, d'artistes, de poètes ont aimé les plaisirs de la table. Ils sont trop nombreux pour que l'on puisse parler de tous.

─────────── ☆ ───────────

La cuisine est pour Victor Hugo un « lieu poétique ». Celle qu'il a vue en 1842 à Sainte-Ménehould, sur la route de Paris à Metz est à elle seule, un vrai spectacle. Et ce spectacle est celui qu'aime Hugo : grandeur, multiplication des choses, couleurs opposées. Cette cuisine est « un monde »...

Une belle cuisine

« J'ai vu à Sainte-Ménehould une belle chose, c'est la cuisine de l'hôtel de Metz.

C'est là une vraie cuisine. Une salle immense. Un des murs occupé par les cuivres, l'autre par les faïences. Au milieu, en face des fenêtres, la cheminée, énorme caverne, qu'emplit un feu splendide. Au plafond, un noir réseau de poutres magnifiquement enfumées, auxquelles pendent toutes sortes de choses joyeuses, des paniers, des lampes, un garde-manger et, au centre une large nasse à claire-voie où s'étalent de vastes trapèzes de lard.

Sous la cheminée, entre le tourne-broche, la crémaillère et la chaudière, reluit et pétille un trousseau éblouissant d'une douzaine de pelles et de pincettes de toutes formes et de toutes grandeurs. L'âtre flamboyant envoie des rayons dans tous les coins, découpe de grandes ombres sur le plafond, jette une fraîche teinte rose sur les faïences bleues et fait resplendir l'édifice fantastique des casseroles...

Si j'étais Homère ou Rabelais je dirais : cette cuisine est un monde dont cette cheminée est le soleil. »

Victor Hugo (Le Rhin)

─────────── ☆ ───────────

A ce banquet, manger tourne à l'exploit.
Si bien manger est un bonheur, la préparation d'un repas de fête peut être, aussi, source de plaisir :

« La fête tombait justement un lundi. C'était une chance : Gervaise comptait sur l'après-midi du dimanche pour faire la cuisine.

Le samedi il y eut une longue discussion dans la boutique, afin de savoir ce qu'on mangerait... Une seule pièce (un seul plat) était adoptée depuis trois semaines : une oie grasse rôtie.

On en causait avec des yeux gourmands. Maman Coupeau alla la chercher pour la faire soupeser à Clémence et à Madame Pulois. Et il y eut des exclamations, tant la bête parut énorme... »

E. Zola, *Les Rougon-Maquart*

Si nous passons de la cuisine à la salle à manger, Erckmann-Chatrian nous fait participer à un repas entre amis. Nous sommes en Alsace, dans une calme maison et quelques amis « gourmets » sont à table...

« Est-il rien de plus agréable en ce bas monde[1] que de s'asseoir, avec trois ou quatre vieux camarades, devant une table bien servie, dans l'antique[2] salle à manger de ses pères ; et là, de s'attacher gravement la serviette au menton, de plonger la cuiller dans une bonne soupe aux queues d'écrevisses qui embaume[3], et de passer les assiettes en disant :

— Goûtez-moi cela, mes amis, vous m'en donnerez des nouvelles.

Qu'on est heureux de commencer un pareil dîner, les fenêtres ouvertes sur le ciel bleu du printemps ou de l'automne !

Et quand vous prenez le grand couteau à manche de corne pour découper des tranches de gigot fondantes, ou la truelle[4] d'argent pour diviser tout du long avec délicatesse un magnifique brochet[5] à la gelée, la gueule pleine de persil, avec quel air de recueillement les autres vous regardent !

Puis, quand vous saisissez derrière votre chaise, dans le cuvette, une autre bouteille, et que vous la placez entre vos genoux pour en tirer le bouchon sans secousse, comme ils rient en pensant : « Qu'est-ce qui va venir à cette heure ? »

Erckmann-Chatrian, *L'Ami Fritz*

[1] en ce bas monde : sur terre
[2] antique : très vieille
[3] embaumer : sentir très bon
[4] truelle : instrument pour découper et servir le poisson. Ressemble à l'outil dont se servent les maçons
[5] brochet : poisson d'eau douce

─────────── ☆ ───────────

Ces gourmets ont besoin de calme pour savourer un repas fin, lentement préparé et lentement dégusté, entre amis.
Ce n'est pas la même atmosphère qui règne au banquet des boulangers que décrit H. Béraud.

« L'assemblée faisait bonne chère... Le vin coulait. On ne voyait que coudes levés et têtes hilares (qui riaient). D'heure en heure le tumulte haussait d'un cran. Certains goinfres se défiaient, battaient des records... »

H. Béraud, *La Gerbe d'or*, Plon

Au restaurant

1. Comment dresser la table

D'abord, il faut une nappe et des serviettes qui sont assorties à la nappe (de la même couleur).
Puis, on met le service (une assiette plate) et le couvert (l'argenterie). Le couvert comprend en général la fourchette (à gauche), le couteau et la cuillère (à droite de l'assiette).
Si on sert des hors-d'œuvre, on met encore une fourchette et un couteau en plus.
Pour le dessert, il faut normalement une petite fourchette et une cuillère à dessert.
Si on sert des poissons ou des crustacés, on met aussi des fourchettes et des couteaux à poisson et une fourchette à huîtres.
Sur la table, il y a encore des salières et des poivrières (avec du sel et du poivre), des cure-dents et naturellement le pain.

Il faut ajouter les verres : un verre à eau, un verre à vin rouge et un verre à vin blanc.
Pour le service on utilise encore des dessous-de-plats et des saladiers pour la salade.

1. un grand verre pour l'eau
2. un verre à vin rouge
3. un verre à vin blanc
4. une flûte à champagne
5. une fourchette à poisson
6. une fourchette de table
7. un couteau de table
8. un couteau à poisson
9. une fourchette à huîtres
10. une cuillère à soupe

 # 2. Prendre une réservation par téléphone

L'employé : Allô, Restaurant « Le Campagnard ». J'écoute.

Un Monsieur : Bonjour, c'est Jean Dumard au téléphone. Est-ce que vous pouvez me réserver une table ?

L'employé : Bien sûr, Monsieur. Pour le déjeuner ou le dîner ?

Le Monsieur : Pour dîner.

L'employé : Et pour combien de couverts ?

Le Monsieur : Une table pour 5 personnes au nom de Dumard.

L'employé : C'est noté. Je vous fais réserver une belle table dans le coin.

Remarques :

_____

_____

_____

RESTAURANT

Le Campagnard

LE PASSAGE
38490 Les Abrets
Tél. : 16 (74) 88.14.51
Télex lecampa 308903 f
R.C. Bourgoin 70 A 169

3. L'accueil

3.1 Comment proposer une table

 Dialogue 1 :

Le maître d'hôtel : Bonjour, Madame ; bonjour, Monsieur. Une table pour deux personnes ?

Le client : Oui, s'il vous plaît.

Le maître d'hôtel : Celle-ci vous convient ?

Le client : Mm. . . . Elle est trop près de la porte. Celle-là, là-bas, est-elle libre ?

Le maître d'hôtel : Je crois que oui, Monsieur. Si vous voulez bien me suivre . . .

Dialogue 2 :

Le maître d'hôtel : Bonsoir, Mesdames ; bonsoir, Messieurs. Vous désirez dîner ?

Le client : Oui, nous voudrions une table pour 6.

Le maître d'hôtel : Bien, Monsieur. Il y en a une là-bas à droite. Mais, si vous voulez, il y en a une autre au milieu de la salle.

Le client : Nous pouvons avoir celle-ci ?

Le maître d'hôtel : Oui, bien sûr, mais c'est une table pour 4.

Le client : Mais nous sommes 6 !

Le maître d'hôtel : Il y a une table de deux à côté. On peut la rapprocher. Voilà, Mesdames, Messieurs. Eh, les petits . . . venez. Asseyez-vous ici.

Le client : Merci.

Le maître d'hôtel : Voilà la carte . . .

Remarques :

_____

_____

_____

_____

_____

_____

_____

_____

_____

_____

_____

_____

_____

_____

_____

_____

_____

3.2 Pas de table de libre

Un Monsieur : Il semble que la salle est pleine. Monsieur, vous avez encore une table de libre ?

Maître d'hôtel : Pour ... vous seul ?

Monsieur : Non, pour 4 personnes.

Maître d'hôtel : Je suis désolé, Monsieur, mais en ce moment je n'ai aucune table de libre.

Monsieur : Ah, c'est ennuyeux !

Maître d'hôtel : Si je peux me permettre de vous proposer ...

Monsieur : Bien sûr. Allez-y.

Maître d'hôtel : Vous pourriez prendre l'apéritif au bar avant de déjeuner. La table du coin va se libérer dans quelques minutes. Je vous préviendrai dès que la table sera prête.

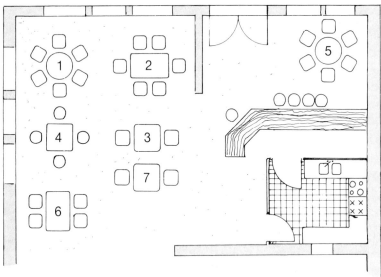

 ## 3.3 L'apéritif

Maître d'hôtel : Désirez-vous prendre un apéritif ?

Client : Oui, et quoi par exemple ?

Maître d'hôtel : Vous pouvez choisir entre un pastis, un Dubonnet, un Kir, un Noilly-Prat ou même un Pineau des Charentes.

Client : Quel choix ! Apportez-moi un pastis, s.v.p. et toi ?

Cliente : Moi, je prends un Kir.

Remarques :

Client	Maître d'hôtel				
Est-ce que vous avez une table de libre ?	Bien sûr, Madame/Monsieur.				
	Il y en a une				dans le coin à la terrasse
	J'ai Voilà	une	grande petite belle	table	près de la fenêtre au milieu de la salle pour (3) personnes

Le client n'est pas content ...

— trop de bruit — Il y en a une autre dans le coin.
— l'odeur de la cuisine — J'en ai encore une autre près de l'entrée.
— passage des clients — Et celle-ci vous conviendra ?
— pas de soleil — Et cette table à la fenêtre, elle vous plaît ?

Vous n'avez plus de table libre :

Le maître d'hôtel :

Je suis désolé.

Je regrette.
Je suis navré.

Le restaurant est complet

Ce n'est pas possible pour le déjeuner.
en ce moment.

Nous n'avons plus une seule table de libre.
Je n'ai aucune table de libre pour l'instant.
Je ne peux pas vous donner cette table
        elle est déjà réservée.
parce qu'   elle est à 6 couverts, vous n'êtes que 2.
        elle est trop petite pour 6 couverts.

Prendre une réservation par téléphone

A. Répondez aux questions

1. Pourquoi est-ce que le monsieur téléphone ?
2. A quel moment de la journée ?
3. Quels renseignements demande l'employé ?

B. Redites le dialogue.

Comment proposer une table

A. Répondez aux questions (1er dialogue)

1. Quelle est la situation ?
2. Comment le maître d'hôtel propose-t-il une table ?
3. Est-ce que la table proposée convient aux clients ? Si non, pourquoi pas ?
4. Ils quittent le restaurant ? Que font-ils ?

B. Répondez aux questions (2e dialogue)

1. A quel moment de la journée arrivent les clients ?
   Qu'est-ce qu'ils veulent ?
   Combien sont-ils ?
2. Où y a-t-il des tables libres ?
3. Pourquoi les clients ne prennent-ils pas cette table ?
4. Quelle solution propose le maître d'hôtel ? Comment est-ce qu'il la propose ?

C. Redites les 2 dialogues.

Pas de table libre

A. Répondez aux questions

1. Le client arrive seul ?
2. A quel moment de la journée arrive-t-il ?
3. Quelle est la situation au restaurant ?
4. Que propose le maître d'hôtel ?

B. Redites le dialogue

C. Transformation des dialogues

Vous êtes le maître d'hôtel (le plan de la salle à manger est donné page 78).
Imaginez les situations suivantes :
— Un couple âgé cherche une table dans le coin.
— Une famille de 6 personnes arrive ; les tables 1, 2 et 5 sont déjà réservées.
— La dame à la table 3 n'est pas contente (passage des clients ; odeur de la cuisine).
— Deux messieurs cherchent une table à l'écart.
— Un monsieur arrive, mais toutes les tables sont occupées.

L'apéritif

A. Répondez aux questions

1. Que demande le maître d'hôtel ?
2. Quels apéritifs peut-il offrir ?
3. Offrez d'autres apéritifs.

4. La carte du restaurant

4.1 Voilà la carte

"Les huîtres sont comme les hostilités, on les ouvre."
G. Flaubert

Le Brut de Zoppi
au Muscat de Beaumes de Venise
39,50

Le Cocktail "Bakoua"
39,50

Les Entrées

Le Melon Glacé à la Menthe	39,50
Les Pétales de Melon à l'Italienne	74,50
La Terrine de Lapin en Gelée d'Herbes	46,70
La Timbale de Crevettes en Cocktail	67,80
Le Saumon Norvégien Fumé au bois de hêtre	120,00
La Salade "Fraîcheur"	38,50
La Salade de Tagliatelle Verte aux fruits de mer	48,70
Le Foie Gras Frais de Canard Maison et sa fine gelée au Beaumes de Venise	112,00
Muscat de Beaumes de Venise, le verre	21,50
Le Tartare de Saumon à l'Aneth et sa crème au raifort	96,00

Les Entrées Chaudes

La Gratinée "Odéon"	38,20
La Soupe de Poissons et sa rouille	49,50
L'Os à Moelle à la Croque au Sel	39,90
Les Escargots de Bourgogne en coquille la dz	93,00
Les Belles Moules Farcies au Basilic	58,50

... et les fines pâtes fraîches du Signor Procopio ...

Les Tagliatelle Verte au suprême de volaille et basilic	65,20
Le Curry de Spaghetti au saumon frais	61,50

Arrivage direct et journalier

L'EC

Les Huîtres

		les 6	le
Creuses de Bretagne	Moyennes	36,60	
Fines de Claires	Petites	42,00	
	Moyennes	52,50	10
Spéciales	Moyennes	63,00	1
	Grosses	111,00	2
Belons Plates	Moyennes	112,50	2

L'Assiette de Fruits de Mer
pour 1 personne   99,50

LE PL

Les Poissons

Le Saumon Norvégien Fumé au Bois de Hêtre
Le Fameux Merlan "Colbert"
Le Tartare de Saumon à l'Aneth et sa crème au raifort
La Sole Grillée au Beurre de Cresson
Le Paillard de Saumon au Champagne

Les

L'Entrecôte Grillée, Beurre du Vigneron
L'Escalope de Veau Panée à la "Procopio"

LE POT-AU-F
consommé glacé ou chaud, os

Les Aiguillettes de Canard aux Oranges
La Tranche de Gigot Grillée, Chartreuse Provençale
Le Steak Tartare "à votre Façon"

Les

Le Brie de Meaux "Roy des Fromages"
Le Fromage Blanc aux Herbes Fines et Crème

Prix Ser

La Maison n'accepte les chèq

Chef

LER

Banc réfrigéré toute l'année

s Fruits de Mer

es d'Espagne	les 12	57,00
	la pièce	19,00
des	les 12	89,00
s ou Bigorneaux	la part	31,00
es Roses	la part	98,00
es Grises	la part	44,00
au Mayonnaise	la pièce	89,00

Le Plateau de Fruits de Mer
pour 1 personne   165,00

COPE''
00

Billet du Jour

FILET DE SOLE
Tout Paris
138,50

arnis

q Ivre d'Hermitage, Pâtes Fraîches	86,20
et de Bœuf Grillé Béarnaise	142,50

ICES : 128,00
, leurs légumes et condiments

mbonnette de Pintade Fermière au Calvados	96,50
ur de Filet de Bœuf au Poivre	
à l'Armagnac	142,50

ges

lade de Provence au Chèvre Chaud	46,00

sur h.t.

d'une carte d'identité nationale.

olley

Depuis plus de 300 ans, dans cette salle, peut-être à votre place, se sont restaurés Voltaire, Beaumarchais, Marat, Danton, Robespierre, Franklin, Verlaine et Gambetta, peut-être même un certain Bonaparte. Comme eux, soyez les bienvenus chez Procope.

La Table de Procope
289,00

Menu Boissons et Service Compris

Le Brut de Zoppi
au Muscat de Beaumes de Venise

Les 9 Perles de Bretagne sur Glace
ou
La Terrine de Lapin en Gelée d'Herbes
ou
La Salade de Tagliatelle aux Fruits de Mer
ou
La Soupe de Poissons et sa Rouille

Le Coq Ivre d'Hermitage aux Pâtes Fraîches
ou
Le Paillard de Saumon au Champagne
ou
La Jambonnette de Pintade Fermière au Calvados
ou
L'Entrecôte Grillée, Beurre du Vigneron

Le Brie de Meaux

Le Miroir Cassis et son Coulis
ou
Le Parfait Café en Mazagran
ou
Le Sorbet au Fruit du Jour

La Cuvée de Procope
ou
Le Gros Plant sur Lie de Sauvion
1/2 bouteille par personne

L'Espresso Segafredi

Le Menu

MENU «ÉTAPE AU VERT»
54,00 F

Entrée du Jour ou Salade Composée ou Potage

Marmite du jour ou Petit salé aux lentilles
ou Grillade de bœuf
ou Darne de saumon pochée sauce estragon

Buffet de Desserts ou Sorbet

33 cl de vin rouge 11° ou 1/2 eau minérale ou 1 bière française 25 cl

MENU «CAMPANILE»
71,50 F

Potage, Buffet de hors-d'œuvre et son originalité

Marmite du jour ou Petit salé aux lentilles
ou Entrecôte grillée ou Côtes d'agneau grillées
ou Darne de saumon pochée sauce estragon
ou Médaillon de lotte au beurre d'escargot
ou L'un des petits plats du patron
(avec un éventuel supplément)

Buffet de Fromages

Buffet de Desserts ou Sorbet

33 cl de vin rouge 11° ou 1/2 eau minérale ou 1 bière française 25 cl

Fromages

Camembert	Brie
Chèvre	Roquefort
Gruyère	

Desserts

Crème caramel
Glaces, tous parfums
Pêche melba au Cointreau
Compotes assorties
Fraises chantilly
Mousse au chocolat
Crêpe suzette au Grand Marnier, Cointreau
Salade de fruits au Marasquin
Soufflé au Grand Marnier (2 personnes)
Fruits de saison
Pâtisserie maison
Tarte aux pommes
Gâteau du chef

MENU A 250 FRANCS

Coquillages farcis en gratin
Saumon fumé norvégien
Médaillon de foie gras du Périgord

Quenelles de brochet sauce nantua
Escalope de saumon
au beurre de thym

Entrecôte poêlée marchand de vin
Mignon de veau aux morilles
Filet de bœuf au roquefort (ou grillé)
Carré d'agneau rôti

Garniture de petits légumes

Plateau de fromages

Chariot de desserts

4.2 Présenter la carte

Maître d'hôtel : Voilà la carte, Monsieur.

Client : Oh, quelle liste ! On s'y perd.

Maître d'hôtel : Mais non, Monsieur. Si vous me permettez … Ici, vous avez tout ce qui est pour le début du repas : les hors-d'œuvre et les potages, puis les poissons et les entrées.

Client : Ah, je vois déjà les viandes ici. Il y a aussi des menus ? Je suis pressé, vous savez.

Maître d'hôtel : Bien sûr, Monsieur. Vous pouvez choisir entre 2 menus à prix fixe.

 ## 4.3 Pour les enfants …

Serveuse : Vous désirez manger à la carte ou préférez-vous un de nos menus ?

Cliente : A la carte, mais pour les enfants c'est peut-être le menu qui est le plus simple et qui va le plus vite.

Serveuse : Nous avons un menu spécialement conçu pour les petits jusqu'à 10 ans. Ils n'ont qu'à choisir entre potage ou petite entrée, steak haché ou marmite et comme dessert, nous suggérons du chocolat glacé ; boissons au choix comprises.

Cliente : Bon, potage et steak, s.v.p. pour les deux.

Serveuse : Voulez-vous que je les commande pendant que vous étudiez la carte ?

Cliente : Oui, ce serait gentil, comme ça ils pourront aller jouer dans le jardin.

Remarques :

MENU ENFANTS

35 F

Hamburger Frites
ou
Jambon Purée
Glace (2 boules au choix)

4.4 Conseiller

Maître d'hôtel : Avez-vous déjà choisi?

Une dame : Oh, je suis bien indécise.

Maître d'hôtel : Vous me permettez de vous aider un peu? D'abord, il faut choisir le plat principal. Vous aimez le poisson ou vous préférez la viande?

Dame : Plutôt la viande.

Maître d'hôtel : Notre côtelette d'agneau est excellente, très tendre, garnie de légumes printaniers.

Dame : Oui, ma foi, cela me tente. Et comme hors-d'œuvre ... qu'est-ce que vous me recommandez?

Maître d'hôtel : Si vous aimez les crustacés ...

Dame : Non merci.

Maître d'hôtel : Alors, je vous recommande de goûter le pâté du chef.

Dame : Bon, c'est décidé. Et pour le dessert on verra après.

Remarques :

_____

_____

_____

_____

_____

_____

4.5 Les fromages

Garçon : Prenez-vous du fromage?

Cliente : Oui, j'en prends un peu.

Garçon : Qu'est-ce que je peux vous servir, Madame, du chèvre, du brie, du camembert?... Non? Je vous apporte le plateau de fromages et vous choisissez ce qui vous plaît.

Cliente : Mm..., Qu'est-ce que c'est ça?

Garçon : C'est un fromage du pays. Vous en voulez?

Cliente : Oui, je veux bien. Mais, ne m'en donnez pas trop.

La France possède une variété incomparable de fromages : plus de 100 espèces et de 300 sortes différentes, aux formes les plus inattendues. Certains, comme le roquefort et le camembert, ont une réputation mondiale.

On distingue les fromages frais (petit suisse, demi-sel), les fromages fondus, les fromages à pâte pressée (port-salut, gruyère) et les fromages affinés (camembert, roquefort, etc.).

Les fromages doivent être dégustés comme les vins, et toujours accompagnés de vins.

1-Triple Crème Aromatisée
2-Camembert
3-Carré de l'Est — Maroilles
4-Triple Crème Croûte Fleurie —
   Spécialité à pâte molle
5-Brie (de Meaux)
6-Coulommiers
7-Pont-l'Evêque
8-Munster Géromé
9-Reblochon
10-Fromage des Pyrénées
11-Saint-Paulin
12-Cantal
13-Emmental
14-Beaufort
15-Tomme de Savoie
16-Fondu aux Noix
17-Fromage fondu
18-Bleu d'Auvergne
19-Bleu de Bresse
20-Roquefort
21-Saint-Marcellin
22-Sainte-Maure
23-Valençay
24-Banon
25-Saint-Nectaire
26-Livarot
27-Chabichou

> * Un dessert sans fromage est une belle à qui
> il manque un œil,
> BRILLAT-SAVARIN.

 ## 4.6 Les desserts, le café et le digestif

Cliente : Hm …! Quel chariot de pâtisserie !

Garçon : Que désirez-vous, Madame ?

Cliente : Tout … mais ce n'est pas possible.

Garçon : J'ai aussi des fruits, des glaces et des sorbets, Madame.

Cliente : Ah, non ! C'est bien assez comme ça ! Je vais me laisser tenter par ce gâteau, là-bas. Qu'est-ce que c'est ?

Garçon : Un gâteau au chocolat, on le prend avec de la crème Chantilly. Vous prenez le café avec le gâteau … ou un digestif ?

Cliente : Non, non, plus d'alcool. Un express seulement. Et préparez l'addition, s.v.p.

Remarques :

_____

_____

_____

_____

_____

_____

_____

5. Dialogue récapitulatif

Accueil

Garçon : Bonsoir, Monsieur. Avez-vous réservé une table ?

Client : Oui, Monsieur.

Garçon : C'est à quel nom ?

Client : Monsieur Durand.

Garçon : Oui, c'est bien.

Table

Garçon : Voulez-vous me donner votre manteau, s.v.p. ?

Client : Merci.

Garçon : Veuillez me suivre, s.v.p.

Garçon : C'est cette table-là. Elle vous convient ?

Client : Oui, c'est parfait.

Apéritif

Garçon : Désirez-vous un apéritif ?

Client : Qu'est-ce que vous me recommandez ?

Garçon : Aimeriez-vous un apéritif non-alcoolisé ou un vin cuit ou un alcool fort ? Comme apéritif non-alcoolisé nous avons des jus de fruits, comme vin cuit nous avons du Dubonnet, du Martini et si vous préférez un alcool fort vous pourriez prendre un barack ou une vodka ; ce sont les spécialités de la maison.

Client : Et qu'est-ce que vous avez comme vermouth ?

Garçon : Un Martini sec, par exemple.

Client : Oui, apportez-moi un Martini sec.

Garçon : Avec des glaçons ?

Client : Oui, s.v.p.

Hors-d'œuvre et plat principal

Garçon : Bien, Monsieur et voilà la carte, Monsieur.

   (Quelques minutes après)

Garçon : Avez-vous déjà choisi ?

Client : Oui, … c'est-à-dire, je ne sais pas exactement. Je ne peux pas me décider.

Garçon : Préférez-vous manger à la carte ou prendre un menu ?

Client : Je préfère manger à la carte.

Garçon : Comme entrée je pourrais vous recommander un cocktail de crevettes.

Client : Bon, et après ? Après je prendrai des tournedos.

Garçon : Oui, Monsieur. Comment désirez-vous vos tournedos ? A point, bien cuits ou saignants ?

Client : Saignants, bien sûr.

Vin

Garçon : Avez-vous déjà choisi le vin ? Non ? Voilà la carte, Monsieur.

Client : Pourriez-vous me recommander un vin ?

Garçon : Avec le plat principal un médoc irait très bien. C'est un bon vin puissant.

Dessert

Garçon : Prenez-vous un dessert, Monsieur ?

Client : Oui.

Garçon : Permettez-moi de vous recommander nos spécialités.

Client : Oui, qu'est-ce que vous avez ?

Garçon : Nous avons des entremets sucrés, des tartelettes, des gâteaux et des glaces.

Client : Pardon, je lis ici gâteau sacher. Un ami m'a recommandé ce gâteau. Qu'est-ce que c'est ?

Garçon : Eh bien, c'est un gâteau au chocolat... Vous allez voir, c'est très bon.

Digestif

Garçon : Prenez-vous du café ?

Client : Bien sûr, alors je prends un café noir.

Garçon : Et comme digestif je vous recommanderais une Chartreuse ou un Cointreau.

Client : Non, merci. Pas de digestif !

Addition

Client : Garçon, apportez-moi l'addition, s.v.p.

Garçon : Voilà, Monsieur. Vous avez été content ? La cuisine était bonne ?

Client : Oui, c'était parfait, un régal !

Remarques :

_____

_____

_____

_____

_____

_____

_____

_____

_____

_____

_____

_____

_____

_____

_____

_____

_____

_____

_____

 # Voilà la carte

Dialogue 1

A. Répondez aux questions

1. Le client sait-il tout de suite ce qu'il va commander ?
2. Que fait le maître d'hôtel alors ?
3. Comment explique-t-il la carte ?
4. Que cherche le client ? Pourquoi ?
5. Est-ce qu'il y a ce qu'il demande ?

B. Redites le dialogue

C. Transformez le dialogue

1. Décrivez à un client les différents plats indiqués sur la carte.
2. Ajoutez les prix sur la carte.
3. Recommandez un menu complet à votre client.
4. Faites ensuite l'addition.

Dialogue 2

A. Répondez aux questions

1. Décrivez la situation.
2. Que demande la serveuse ?
3. Pourquoi est-ce que la cliente préfère un menu pour ses enfants ?
4. Quel choix a-t-elle ?
5. Que demande la cliente pour finir ?

B. Redites le dialogue

C.

— Présentez les deux autres menus au client ...
— Imaginez le dialogue pour compléter la situation :
a) La dame préfère manger à la carte.
b) Il n'y a plus de menu « enfants ».

Conseiller

A. Répondez aux questions

1. Pourquoi est-ce que la dame n'a pas encore choisi ?
2. Que fait le maître d'hôtel ? Que demande-t-il ?
3. Qu'est-ce que la dame n'aime pas ?
4. Quels sont les plats que le maître d'hôtel recommande et comment présente-t-il ses suggestions ?

B. Redites le dialogue

C. Recommandez des repas dans les situations suivantes

1. Un groupe de 6 personnes vient déjeuner dans votre restaurant.
2. Une dame demande un repas léger pour ses deux enfants (pas de menu).

Desserts, café et digestif

A. Répondez aux questions

1. Donnez vos impressions sur la situation.

2. Comment est présentée la pâtisserie ?
3. Y a-t-il d'autres desserts ?
4. Qu'est-ce que la dame prend ?
5. Qu'est-ce que le garçon suggère à la fin du repas ?
6. Comment réagit la dame, que demande-t-elle ?

B. Redites le dialogue.

1. Avec les indications apparaissant sur les cartes de visite du CHARLOT et du PIED DE COCHON, rédigez les menus éventuels de ces deux restaurants.
2. En vous aidant des menus de la page 83, composez trois menus différents :
   • un menu touristique ;
   • un menu gastronomique ;
   • un menu diététique (un repas de régime).

6. Réclamations

 Dialogue 1

Client : Garçon, venez donc voir ici.

Garçon : Oui, Monsieur.

Client : Dans le plus grand hôtel de la ville, qui est celui où nous nous trouvons, on s'attend à avoir au moins de la salade bien lavée...

Garçon : Mais, Monsieur...

Client : Tenez, regardez là. On voit la terre et les grains de sable.

Garçon : En effet, Monsieur ; je suis désolé. C'est une négligence que je vais signaler au chef de cuisine.

Client : Dites-lui donc, en même temps, que sa viande était trop fraîche. Mon steak était bon, mais dur.

Garçon : Je vais le lui dire, Monsieur. Je vous rapporte tout de suite une autre salade.

Client : Bien lavée, cette fois, s'il vous plaît.

Remarques :

Dialogue 2

Client : Attendez, je ne comprends pas très bien. Je crois qu'il y a une erreur, là … Ça fait 72 F, pas 82.

Garçon : Vous permettez, Monsieur, je vérifie tout de suite. Excusez-moi, Monsieur, je suis désolé, vous avez raison. Je me suis trompé, je regrette.

Client : Ce n'est pas grave, ça peut arriver à tout le monde, Monsieur.

 Dialogue 3

Plusieurs clientes : Garçon, s'il vous plaît !

Garçon : Oui, Mesdames.

Une des clientes : On sent un courant d'air insupportable ici. Vous ne pouvez pas le supprimer ?

Garçon : Je suis désolé, Madame. C'est la climatisation. Vous êtes juste sous la bouche de ventilation. On ne peut pas l'arrêter sinon l'air deviendra étouffant.

Cliente : Mais nous ne pouvons pas rester à cette table, il faut nous en trouver une autre.

Garçon : Je vais voir ce que je peux faire, Madame.

Remarques :

Ce que reproche le client :	*L'excuse que vous pouvez donner :*
Le service a été long.	Un garçon n'a pas pu venir prendre son service ; il n'a pas pu être remplacé.
La table était mal placée.	Pour le déjeuner du samedi, il est prudent de réserver. Toutefois vous êtes content d'avoir pu accueillir le client ; vous espérez pouvoir faire mieux une prochaine fois.
La viande était plus que ferme.	Votre boucher habituel est en congé ; il fallait signaler tout de suite que la viande était dure ; on pouvait la changer.
La table à côté était très bruyante, avec des enfants très remuants.	Le dimanche à midi, il y a toujours beaucoup de monde et souvent des enfants. C'est plus calme en semaine. Vous regrettez.
Il n'a pas pu avoir de saumon à l'oseille, la spécialité de la maison.	Le fournisseur n'a pas pu livrer et il y a eu une grosse demande des premiers clients et, en effet, pour les derniers clients arrivés, il n'a pas été possible de satisfaire la demande.

A. Répondez aux questions

Dialogue 1

1. Où se passe la scène?
2. Comment peut-on caractériser le client?
3. De quoi le client se plaint-il?
4. Comment réagit le garçon? Que fait-il?

Dialogue 2

1. Qu'est-ce que le client ne comprend pas?
2. Comment le garçon réagit-il? Que dit-il?

Dialogue 3

1. De qui et de quoi les dames se plaignent-elles?
2. D'après vous, ont-elles raison?
3. Que peut faire le garçon?
4. Qu'est-ce qu'il dit?

B. Faites varier les dialogues (voir « tableau de reproches »)

— le client n'a pas raison
— le client est colérique, etc.

Attention! Le garçon reste toujours calme et poli!

7. Le personnel du restaurant

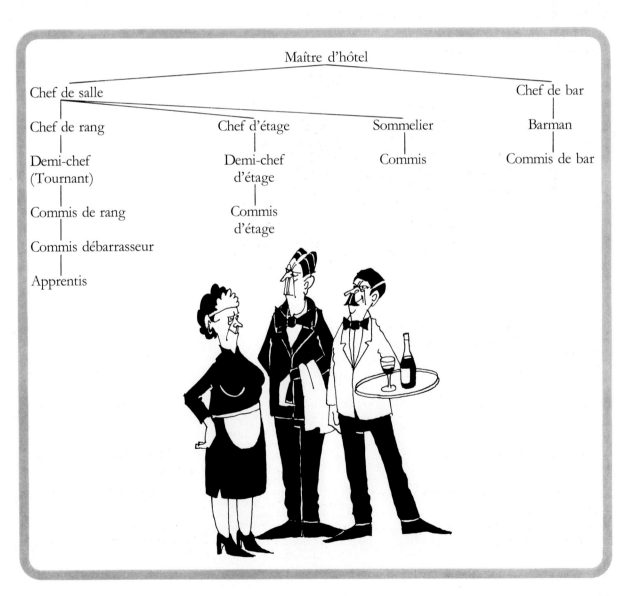

8. L'orthographe des menus

Le français, langue officielle

Dans les établissements internationaux et distingués du monde entier, il est d'usage courant de rédiger les menus en langue française. Il existe deux genres de présentation :

a) *L'orthographe française*
   Les noms propres de personnes, localités et pays prennent une majuscule, tout le reste est écrit en minuscules.

b) *L'orthographe française avec modifications internationales*
   Les noms propres de personnes, localités, pays et tous les substantifs en général ainsi que les désignations de fantaisie prennent une majuscule ; le reste est écrit en minuscule.

Exemple A	Exemple B
Pâté de lièvre à la gelée	Pâté de Lièvre à la Gelée
*	*
Consommé belle fermière	Consommé Belle Fermière
*	*
Saumon poché au court-bouillon Sauce mousseline Pommes vapeur	Saumon poché au Court-Bouillon Sauce Mousseline Pommes Vapeur
*	*
Poularde de Bresse à la gastronome Riz pilaf Salade cœur de laitue	Poularde de Bresse Gastronome Riz Pilaf Salade Cœur de Laitue
	*
Bombe Montmorency Petits Fours	Bombe Montmorency Petits Fours
*	*

Souriez

Un monsieur entre dans la porte tournante d'un restaurant et tourne, tourne, sans arrêt. La tête basse, il a l'air de réflechir. Le garçon, étonné, lui demande une explication :—C'est idiot, répond le monsieur en continuant à tourner, mais je n'arrive pas à me rappeler si je voulais entrer ou sortir.

— Monsieur, donnez-moi cinq francs, je vous prie, je n'ai rien mangé depuis ce matin.
— Eh bien, moi non plus.
— Alors, donnez-moi dix francs et je vous invite à déjeuner.

ORTAUGRAFE ?
AURTAUGRAPHE ?
ORTOGRAF ?

92

« Garçon, crie le client en colère, il manque une patte à cette langouste !

— Mais, Monsieur, cela arrive souvent, les langoustes se battent entre elles et alors …

— Bon, bon … amenez-moi celle qui a gagné ! »

Dans un restaurant, un monsieur à son voisin :
« Moi, je viens ici parce que ma femme ne veut pas faire la cuisine.

— Eh bien moi, c'est le contraire, c'est parce que ma femme veut toujours la faire. »

Un monsieur entre dans un café et demande qu'on lui apporte un gâteau. Mais il ne le mange pas tout de suite et appelle le patron :
« Quel est le prix d'un verre de bière, s'il vous plaît ?

— C'est huit francs vingt, le même prix que le gâteau.

— Bon. Eh bien, donnez-moi un verre de bière. »
Alors le monsieur tend le gâteau au patron et boit le verre de bière, puis il se prépare à sortir. Le patron lui demande :
« Pardon, Monsieur, vous n'avez pas payé votre verre de bière.

— Non, mais je vous ai donné le gâteau …

— Bon, mais alors vous n'avez pas payé le gâteau …

— Bien sûr ! Je ne l'ai pas mangé … »
Et le monsieur sort sous les yeux du patron trop étonné pour pouvoir parler.

9. Textes

La restauration en France

Bien manger, à Paris

* **Les Grands Restaurants :** Voyez d'abord les Guides célèbres, le *Michelin*, le *Gault-Millau*, le *Kléber*, mais ils ne distribuent pas toujours leurs étoiles aux mêmes cuisiniers. La gastronomie est un art et l'art ne peut se juger sans passion ! Et puis, il faut tenir compte aussi des prix, de la qualité des vins et du service, du confort, du décor … Les restaurants à 4 étoiles sont rares à Paris ; les quartiers où elles brillent le plus sont les 1er, 5e, 6e, 7e, 8e et 16e arrondissements. A Saint-Germain-des-Prés et au Quartier Latin on aura le plus grand choix.

* **Les Petits Restaurants :** En cherchant bien, on peut trouver dans tous les quartiers « le bon petit restaurant du coin ». Là, le patron vous demandera si vous voulez commencer par le pâté maison (pâté de campagne, de foie ou de volaille) qu'il a fait lui-même. Il vous proposera « pour suivre » son plat du jour qui est le plus souvent un plat garni (viande et légumes en même temps). Son vin ordinaire, servi en carafe (espèce de bouteille), est souvent très bon. Et, si vous avez encore faim, vous pouvez demander un supplément.

* **Les autres.** On peut manger ailleurs que dans un restaurant. Il y a, à Paris comme en province, des *Brasseries,* où l'on vous servira surtout de la charcuterie (par ex. une choucroute garnie que vous pourrez arroser avec de la bière), des *Libre-Service*, par exemple, à la sortie des grandes villes, dans beaucoup de supermarchés ou hyper-marchés : vous y mangerez vite à bon marché ; il y a même des *Drugstores* et des *Snack-Bars*, mais il y a surtout beaucoup de *Bistrots* où l'on vous servira l'omelette au jambon ou le bifteck frites, parfois une excellente spécialité avec un verre du vin de votre choix.

Tous les guides vous donnent la liste des restaurants où vous pourrez manger, sans quitter Paris, les plats régionaux.

En province

Quelques grands noms illustrent (rendent célèbre) la gastronomie française. Vous les trouverez dans les guides, mais n'oubliez pas que si certains méritent bien leur renommée, d'autres la font payer un peu trop cher.

Le long des routes vous trouverez des *Motels*, des *Auberges de campagne* — souvent signalées par une affiche au bord de la grande-route ..., des *Restaurants de tourisme* qui, dans toutes les catégories, doivent offrir trois spécialités courantes (dont une sur le menu touristique à prix fixe) et un très grand nombre de *Routiers* où l'on vous servira un repas rapide et souvent abondant à des prix raisonnables. Il en est de même dans les petits restaurants où l'on vous offre des *grillades sur feu de bois*.

* Les dimanches et jours de fête choisissez votre restaurant avant midi, sinon réservez votre table.

* Le menu (avec les prix) doit être visible de l'extérieur. Il est prudent de l'examiner avant d'entrer.

 Répondez aux questions

1. Quels sont les facteurs qui déterminent la distribution des « étoiles » pour les restaurants ?
2. Décrivez l'ambiance dans « le bon petit restaurant du coin » et le déroulement du déjeuner ou dîner.

3. Quels sont les autres établissements qui existent ? Décrivez-les !
4. Qu'est-ce qu'il est conseillé de faire les dimanches et jours de fête ? Pourquoi ?

Le tour de France de la table

La France est un heureux pays qui prépare en même temps l'huile d'olive et le beurre fin, le vin et la bière, qui élève des bestiaux et prend soin de son gibier, qui invente des fromages, récolte du miel, pêche des poissons, fabrique du sucre, honore les œufs ...

(Georges Duhamel)

En voyage

En voyageant à travers la France, vous pouvez trouver dans un petit village une auberge ou un restaurant servant une excellente cuisine. Le menu y est quelquefois, à qualité égale, moins cher que dans une ville. A la fin du repas, le patron ou la patronne qui auront eux-mêmes fait la cuisine, viendront peut-être vous demander si vous êtes satisfait.

Vous trouverez aussi les restaurants « routiers », destinés aux chauffeurs de camion, mais qui servent des menus touristiques simples, peu chers et souvent très agréables.

Si vous voyagez par le train, vous pouvez prendre vos repas au wagon-restaurant. Il y a plusieurs services. Un garçon passe dans le couloir avec une clochette et annonce : « Premier service ... »,

« Deuxième service. » Il vaut mieux prendre ses tickets de repas avant le départ du train. Certains buffets de gare présentent un très bon menu gastronomique.

Si vous voyagez en voiture sur les autoroutes, vous trouverez des restoroutes. Ils permettent aux voyageurs de manger très rapidement ; que faut-il en penser au point de vue gastronomique ? Un journal du soir donne l'avis suivant : « C'est un peu déçu que j'ai regagné Paris ; ces auberges des temps modernes sont bien loin des relais d'autrefois ... »

Les snacks ou restaurants libre-service

On peut y manger pour peu cher. Chaque client choisit un ou plusieurs plats présentés sur des tables chauffantes et se sert sur un plateau. On paie le prix du repas en sortant, ou avant de s'installer à une table.

1. Expliquez le sens de la citation de Duhamel.
2. Dans quels établissements peut-on se restaurer quand on voyage à travers la France en train ou en voiture ?
3. Caractérisez brièvement ces établissements.
4. Répondez à la question posée à propos des restoroutes.

Quelques conseils pour « aller au restaurant »

La cuisine française est célèbre dans le monde entier. On dit souvent qu'elle est trop compliquée, trop lourde. En réalité, la bonne cuisine est très simple. Seulement, il faut bien choisir, car tous les restaurants ne sont pas bons.
Comment choisir ? Demandez donc à vos amis français : en général, ils connaissent très bien les bonnes adresses !
On dit aussi que les restaurants français sont très chers, trop chers même. Mais attention : les plus chers ne sont pas les meilleurs ! Un conseil : n'allez pas dans le restaurant où il y a beaucoup de touristes : allez plutôt dans celui où il n'y a que des Français. On doit bien y manger.

Maintenant, vous êtes devant une liste de spécialités. Que prendrez-vous ? Demandez au patron, ou même au garçon : il vous aidera. Ou prenez le menu. Ou encore choisissez le « plat du jour » : c'est, en général, une spécialité du chef. La liste des vins est un autre problème : elle est longue, compliquée. Alors, prenez un beaujolais ou un bordeaux de la maison : ils sont toujours très bons.
Molière faisait dire à un de ses personnages : « Il faut manger pour vivre et non pas vivre pour manger. » Mais en France, l'art de bien vivre commence par l'art de bien manger ...

— **Restaurant Polidor** : 41, rue Monsieur-le-Prince, 75006. Tél. : 43-26-95-34. M. : Odéon ou Luxembourg. Ouvert tous les jours jusqu'à 1 h du matin, sauf le dimanche jusqu'à 22 h. Ancien resto du siècle dernier dont le décor n'a pas changé d'un pouce. Ne manquez pas le grand meuble où, encore quelques habitués privilégiés laissent leur rond de serviette. Au menu : 12 escargots, la pintade aux lardons, l'estouffade de bœuf aux olives, le canard de Barbarie, la tarte Tatin (h'mm...!), etc. Et toujours des prix très raisonnables : comptez 60 à 80 F en moyenne.

— **Le Commerce** : 51, rue du Commerce, 75015. Tél. : 45-75-03-27. M. : Émile-Zola. Ouvert tous les jours de 11 h à 15 h et de 18 h 30 à 22 h. Ancien « bouillon », défini par le Guide Bleu « Paris » (édition 1863) comme un « véritable restaurant où l'on peut, moyennant 1,50 F, prendre un repas fort simple, mais sain et consistant ». Aujourd'hui, le menu (avec vin et service compris de 45 à 68 F) est toujours l'un des moins chers de la capitale. La carte, qui change tous les jours, propose une liste impressionnante de plats : escargots, gigot-haricots, steak au poivre à des prix à peine croyables. Essayez de trouver une table à la galerie : vue plongeante sur la grande salle.

— **Orève** : 25, rue de la Pompe, 75016 Paris. Tél. : 45-04-80-52. M. : Muette. Quelle belle idée d'avoir transformé ce célèbre magasin de fleurs en restaurant très branché. Même façade 1900 (classée !) en mosaïque au ton pastel. La porte à tambour de bois franchie, on s'aperçoit que le décor intérieur est lui aussi une réussite. Les trois niveaux s'enchevêtrent selon un dédale savant. Jolies charpentes métalliques à la Baltard. Clientèle très NAP * pour qui l'aisance n'est pas un vain mot. Les femmes sont terriblement chic, savent parler sans hausser le ton. En revanche, la nourriture est assez banale. Mais qui vient ici pour manger ? On s'en tire pour 180 F quand même.

— **Les Bouchons** : 19, rue des Halles, 75001. Tél. : 42-33-28-73. M. : Châtelet. Ouvert de 12 h à 1 h tous les jours. Derrière sa façade ornée de superbes cariatides, une ambiance « Brasserie début du siècle » dans d'immenses salles au décor colonial. Voir absolument les luxueuses toilettes avec leur fontaine. Certains soir, groupe de jazz au bar américain du sous-sol. C'est là que fut tournée la superbe publicité pour Heineken. Menu à 79 F. Brunch à partir de 80 F. Prix à la carte : à partir de 160 F. Pour routards en cravate : pièce de saumon dans son jus, lapin sauté minute.

* NAP : Neuilly - Auteuil - Passy (quartiers chics).

OÙ	GENRE	AVEC QUI	QUAND	PRIX	BONNE TABLE
L'OULETTE 15, place Lachambaudie, 12ᵉ. 40.02.02.12, ou 40.02.40.50 (provisoire). Derrière Bercy. ♥♥♥	*Nouveau décor moderne et dépouillé, nouvelle adresse, nouvelles additions pour cette table brillant dans l'art des nuances, des contrastes et le sens du Sud-Ouest.*	*Un négociant en vins nostalgique.*	*Tous les jours, sauf samedi midi et dimanche, de 12 heures à 14 h 15 et de 20 heures à 22 heures.*	*Menu midi à 160 F. Comptez de 250 F à 300 F. Escabèche de calamars. Langue de veau à la truffe. Tourtière croustillante aux poires et aux noix.*	*La table ronde au centre. Service souriant et très pro.*
LE TRAIN BLEU 20, bd Diderot, 12ᵉ. 43.43.09.06. Au premier étage de la gare de Lyon. ♥	*La venue de Michel Comby dans le temple de l'art nouveau tente de redonner du lustre à une cuisine pétrie de traditions et de bonnes intentions. Léger frémissement mais pas de révolution.*	*Un voyageur sans bagages.*	*Tous les jours, de 12 heures à 14 heures, et de 20 heures à 21 h 30.*	*Menu midi à 195 F et 260 F, le soir à 260 F. Comptez de 350 F à 400 F. Terrine de ris de veau. Chateaubriand grillé béarnaise. Baba au rhum.*	*Au centre pour jouir du lieu. Service assez impersonnel mais efficace.*
BISTROT SAINT-JAMES 2, rue du Général-Henrion-Bertier, 92 Neuilly. 46.24.21.06. Près de l'avenue de Madrid. ♥	*Exit l'Ecluse ! La même tonalité bistrotière, le même principe du vin au verre pour une cuisine du marché simple et fraîche drapée d'élégance chic et faussement décontractée.*	*Une femme du monde en toute liberté.*	*Tous les jours, sauf dimanche, de 11 h 30 à 15 heures et de 19 heures à 22 h 30.*	*Comptez de 150 F à 200 F. Suggestions renouvelées chaque jour. Terrine de légumes et son coulis. Andouillette grillée. Tarte aux poires.*	*La banquette à gauche. Service très poli, trop poli...*
LE GULF STREAM 2, bd Morland, 4ᵉ. 42.72.10.12. A deux pas du port de plaisance. ♥	*Exercice d'équilibre réussi entre les débordements tumultueux de la troisième mi-temps et l'exécution d'une cuisine simple ancrée dans un esprit très terroir.*	*Un pilier de choc.*	*Tous les jours, de 12 heures à 14 heures et de 20 heures à 23 h 30.*	*Menus à 70 F, 80 F et 110 F. Comptez de 120 F à 160 F. Hure d'escargots. Magret de canard au poivre vert. Crème caramel.*	*Le long de la baie vitrée. Service copain décontracté.*
DESPER BASQUE 140, rue de la Tombe-Issoire, 14ᵉ. 43.95.69.72. Près d'Alésia. ♥	*Retour aux fourneaux après deux ans d'arrêt dus à des transformations. Une cuisine sérieuse, rugueuse et sans malice, vissée comme un béret au Pays basque.*	*Une belle bondissante.*	*Tous les jours, sauf dimanche, de 12 heures à 14 heures et de 20 heures à 22 heures.*	*Comptez de 140 F à 200 F. Omelette aux cèpes. Chipirons à l'encre. Gâteau basque.*	*Au fond à gauche. Service très familial.*

Figaroscope

♥♥♥ Réservez maintenant.

♥♥ A vos fourchettes.

♥ Tiens, tiens!

✗ Ouf, un kilo de gagné

Conseillez un Français, visitant votre pays, qui souhaiterait aller au restaurant. Variez les formes grammaticales : (il faut/faudrait que ..., il vaut/vaudrait mieux que ..., vous devez/devriez ..., n'hésitez pas à ..., allez ..., vous pouvez/pourriez, etc.).

En prenant pour modèle les catégories du tableau ci-dessus, procédez de même pour les restaurants Polidor, Le Commerce, Orêve, Les Bouchons.

Le «déjeuner d'affaires» est, en France, une habitude. Quand on vient à Paris pour rencontrer quelqu'un, prendre contact, régler une affaire importante, on se retrouve toujours au restaurant : là, on discute «affaires»; c'est une obligation et c'est aussi un plaisir.

On dit que la communication est plus facile dans un restaurant. Le bon vin est un ami, et ce qui était difficile à dire au début du repas, devient facile à la fin.

Un bon restaurant d'affaires, qu'est-ce que c'est? Un restaurant où on déjeune bien, où les spécialités sont extraordinaires, où le vin est bon. Mais c'est aussi et surtout un restaurant agréable par son style, son accueil. On se sent bien pour parler. Et c'est dans ce cadre que se discutent les meilleures affaires.

On avait l'habitude de dire que les Français ont peur du risque, qu'ils sont souvent peu aimables. C'était toujours difficile de travailler avec eux. Mais les Français ont changé. Maintenant, les nouveaux hommes d'affaires sont souvent jeunes. Ils travaillent avec le sourire. Ils trouvent merveilleux de réaliser de nouveaux projets. Leur esprit d'initiative et leur faculté d'adaptation ne risquent cependant pas de rompre avec cette longue tradition française des repas d'affaires.

Répondez aux questions

1. Quelles sont les occasions qui se prêtent à un déjeuner d'affaires? Pourquoi le fait-on?
2. Quels sont les facteurs qui facilitent la communication et qui sont appréciés dans un bon restaurant d'affaires?
3. Que dit le texte sur le «Français — homme d'affaires»?
4. Quelles sont les attitudes de la nouvelle génération des hommes d'affaires qui feront survivre cette tradition française?

L'avenir des repas d'affaires

Un bref regard jeté, à l'heure du déjeuner, dans la salle à manger cossue et feutrée d'un grand restaurant et l'on est vite renseigné : les hommes d'affaires sont toujours là, nombreux, faciles à identifier, à la fois sérieux et détendus, attablés pour les repas d'affaires, presque exclusivement des hommes. Les femmes y sont rares, mais l'on sait, d'après des statistiques récentes, que les femmes aujourd'hui (bien que munies de diplômes et pourvues de compétence) n'accèdent que rarement au rang de cadre supérieur! C'est un fait, les repas d'affaires existent bien encore.

Et pourtant on a beaucoup parlé ces derniers mois de «déprime des restaurateurs et déprime des hommes d'affaires». Le repas d'affaires était, disait-on, menacé de disparition. Crise, inflation, taxation, nouvelles habitudes alimentaires, tout semblait annoncer des jours sombres pour le repas d'affaires.

De l'utilité du repas d'affaires

Mais le repas d'affaires est-il vraiment indispensable? Ne peut-on pas s'en passer? Depuis des siècles, on sait que les plaisirs partagés de la table créent des liens entre les convives. Au cours d'un agréable et savoureux repas, l'esprit s'aiguise, un certain sentiment de bien-être, de compréhension apparaît. Le *rôle social* du repas n'a jamais échappé ni aux hommes politiques, ni aux hommes d'affaires. Napoléon lui-même (pourtant si peu gourmet!) ordonnait à ses ministres des relations extérieures de donner très souvent des dîners, les plus exquis et les plus fastueux possible. En effet, n'est-ce pas «par la table qu'on gouverne», disait l'un d'eux? Aujourd'hui le quart du chiffre d'affaires de nombreux restaurants correspond à des repas d'affaires. Dans les restaurants de luxe des grandes villes, 60% au moins des couverts sont des couverts d'affaires. On ne traite pas toujours des affaires dans ces repas. De nombreux gestionnaires et chefs d'entreprise précisent : « non, on ne signe pas de contrat au milieu du repas d'affaires ; non, on ne conclut pas une négociation entre la poire et le fromage. » Souvent il s'agit d'une *prise de contact*, d'une *approche*. On savoure ensemble le repas, on se détend, on bavarde, on fait connaissance, on s'apprécie. L'affaire ? On la traitera plus tard. Le repas d'affaires peut être aussi un repas d'obligation, de relation amicale, de remerciement. On invite quelque bon client de passage à dîner pour lui rendre son séjour dans notre ville plus agréable. Ce qui pourra faciliter d'autres futures négociations.

Les Américains et les Japonais ont d'autres moyens pour séduire leurs éventuels clients. En Europe, l'invitation à un repas savoureux reste pour les hommes d'affaires un bon atout. C'est un acte de convivialité, la survivance d'une longue tradition à laquelle nous sommes très attachés en Europe.

Légèreté des mets et des prix

Bien sûr, le repas d'affaires n'est plus ce qu'il était ! Il y a quelques années encore, remarquent les restaurateurs, il n'était pas rare de voir les hommes d'affaires traiter leurs clients avec faste et même avec une certaine prodigalité. Ils commandaient les vins les plus rares, les mets les plus exquis et les plus chers et … jetaient un coup d'œil distrait (sinon indifférent !) sur l'addition. Ces temps sont révolus. Les entreprises et sociétés, si elles reconnaissent l'utilité du repas d'affaires, sont maintenant soucieuses de réduire leurs frais d'affaires.

Autre menace pesant sur le repas d'affaires : le souci nouveau d'une *alimentation équilibrée* et *saine*. Les médecins nous ont convaincus des dangers d'une mauvaise alimentation, réduisant notre espérance de vie. Alimentation trop riche pour les sédentaires que nous sommes devenus, qui est l'origine de nombreuses maladies dites nutritionnelles. Les directeurs, cadres, hommes d'affaires sont particulièrement concernés par les risques de cette alimentation trop riche. Ils doivent plus que d'autres se méfier de l'obésité, du diabète, de l'alcoolisme, de l'excès de cholestérol etc. Aussi, ils exigent une nourriture beaucoup moins riche qu'autrefois. D'autre part, quelques hommes d'affaires semblent blasés par tous les repas raffinés et un peu semblables que leur proposent certains restaurateurs. Ils souhaitent parfois se retrouver dans un restaurant simple pour savourer un ou deux mets rustiques et légers.

Une nécessaire évolution

Déjà on observe depuis quelques années un certain *changement* dans les *dépenses* et habitudes des clients. La consommation des apéritifs a baissé (90 % en dix ans), ainsi que celle des vins rouges trop capiteux, des vins blancs trop acides. Aux lourds et interminables repas d'affaires d'autrefois succèdent des repas légers, fins, équilibrés. Finie la « grande bouffe » des repas d'affaires !

Réduire le prix des repas, offrir une cuisine plus légère, digestible et inventive, ce souci est celui de nombreux restaurateurs, le cadre devant être, bien sûr, confortable et paisible et l'accueil chaleureux. Reste aux restaurateurs à faire preuve d'invention, d'imagination, de fantaisie même, pour séduire les clients, dans l'élaboration de leur cuisine et de leurs menus. Déjà, beaucoup d'idées séduisantes et de nouvelles formules sont apparues. De nombreux restaurants proposent un *menu « spécial affaires »* à prix fixe — vin et service compris — menu servi quelquefois seulement à midi, la grande carte étant réservée pour le soir ou proposée accompagnée de la carte habituelle. Il existe aussi un « menu affaires » du marché, toujours à prix fixe, qui change chaque jour. Ce menu peut être établi avec une entrée, un plat de poisson, une viande, un fromage, un dessert, un vin. Certains restaurateurs proposent un « menu affaires » (à prix fixe) avec la possibilité de choisir sur la grande carte soit une viande, soit une entrée, le reste du menu restant fixe. D'autres offrent un « menu spécial affaires » avec le choix entre trois ou quatre entrées, trois ou quatre viandes, etc.

Le repas d'affaires est, sans nul doute, entré dans la crise. Mais on peut être rassuré, les chefs d'entreprise et les restaurateurs veillent sur lui. Appartenant à une longue tradition européenne de convivialité, il n'est pas prêt à disparaître, il doit seulement évoluer.

Ginette Hell-Girod
(Hôtel-Revue)

Le Procope

"Le Rendez-Vous des Arts et des Lettres"
13, rue de l'Ancienne Comédie - 75006 PARIS
☎ (1) 43 26 99 20 - FAX. : (1) 43 54 16 86

```
                              8006 ANNE S.

    ---------------------------------

    FCT 3508 TBL  133 GRP  1 CVT  4
        12-OCT-91     13:58

    ---------------------------------


    4 *BRUT DE ZOPPI
    2 *12 CREUSES
    1 *TERRINE F.VOLAI
    1 *SAL.TAGLI FMER
    1 *PAILLARD SAUMON
    1 *JAMB.PINTADE
    1 *SOLE GRILLEE
    1 *COQ IVRE
    1 *BT MUSCADET
    1 *BT PROCOPE
    1 LIT.EVIAN
    1 *DELICE CHOCOLAT
    1 *PROFITEROLES
    2 *CREP.FLAMBEES
    4 *BRIE MEAUX
    4 *CAFE



            NET A PAYER
```

Service Compris (15 % sur le H.T.)

GRAPHIMAGE - ✆ 29 82 55 33 - SEPTEMBRE 90

Répondez aux questions

1. Caractérisez en détail la clientèle qui prend des repas d'affaires. Quel est son statut social?
2. Pourquoi les repas d'affaires étaient-ils en question?
3. Parlez du rôle social des repas d'affaires. (Donnez des exemples!)
4. Quelle est l'importance des repas d'affaires dans le chiffre d'affaires des restaurants?
5. A quelle occasion offre-t-on un repas d'affaires? Dans quel but?
6. Quel est le changement d'attitudes qu'on peut constater chez les clients dans les repas d'affaires (sur le plan financier et sur le plan de la santé)?
7. Quel est le changement qu'on peut constater dans les dépenses des clients et quelle est la réaction des restaurateurs?
8. Résumez en bref le contenu de l'article.
9. Aimez-vous aller au restaurant? Pourquoi? Pourquoi pas?
10. Quel type de restaurant choisissez-vous pour aller manger :
    — seul;
    — avec des amis;
    — avec vos parents;
    — si vous êtes invité?
11. Quels établissements de restauration y a-t-il dans votre ville? Décrivez-les.

Le restaurant Le Procope est un lieu qui peut accueillir des déjeuners d'affaires. Établissez la facture du repas des quatre hommes d'affaires en utilisant l'addition ci-contre et en consultant la carte du restaurant à la page 80. Envoyez-la accompagnée d'une lettre au Service de la comptabilité de la société ATF.

Au bar

1. Au bar

 L'apéritif

Barman : Bonsoir, Messieurs-Dames. Que désirez-vous?

1ᵉʳ client : Pour nous ce sera un apéritif. On va le prendre ici au bar avant d'aller au restaurant.

Barman : Très bien. Voulez-vous un alcool fort...?

2ᵉ client : Oh non, pour moi pas d'alcool fort, je ne le supporte pas bien. Donnez-moi une grenadine.

1ᵉʳ client : Et pour moi un pastis.

Barman : Bien, Monsieur. Pernod ou Ricard?

1ᵉʳ client : Ricard.

Barman : Voilà, Messieurs-Dames et voici quelques amuse-gueule.

Remarques :

_____

_____

_____

_____

_____

_____

_____

un pastis, un ricard

Le Ricard est une boisson naturelle à base de plantes, composée de graines d'anis, de racines de *réglisse* finement *broyées*, de plantes aromatiques de Provence sélectionnées, d'alcool pur et d'eau.

La composition du Ricard est simple. Le secret de la marque tient dans la formule qu'inventa Paul Ricard, c'est-à-dire le dosage et le choix des composants aromatiques.

L'ANIS

L'anis a le pouvoir de régulariser les contractions de l'*intestin*. Par ailleurs, l'anis est un stimulant, un *diurétique;* il favorise la circulation sanguine et la respiration: c'est un *antispasmodique*.

LA RÉGLISSE

C'est un *arbrisseau* à racines et à *tiges* très développées qui pousse notamment en France, en Espagne, au Portugal, au Moyen-Orient. Les qualités thérapeutiques de la réglisse sont reconnues depuis l'Antiquité. Elle a le pouvoir de calmer et de *cicatriser*. La réglisse *adoucit* l'estomac.

QUELQUES RÈGLES POUR BOIRE LE RICARD

Le pastis est *frileux*. L'anis supporte mal le froid, c'est une réaction naturelle. En dessous de 12°, le Ricard commence à *se troubler* et perd sa limpidité. Il doit être servi avec de l'eau très fraîche. Si l'eau n'est pas à la bonne température, mettre de la glace après l'eau. Attention, la glace mise directement dans le Ricard le «casse».

un Ricard, sinon rien.

Sachez apprécier et consommer avec modération

 Le pastis

Répondez aux questions

1. Qu'est-ce qu'il faut pour la préparation d'un pastis?
2. Parlez des règles à observer pour servir le pastis.
3. Caractérisez les deux ingrédients du Ricard : anis et réglisse.

Le digestif

M.P. : Qu'est-ce que tu prends, Jeannine ?

Mlle J. : Oh, tu sais, surtout pas d'alcool, je ne me sens pas bien et ce mal de tête... je prendrai une infusion.

Barman : Bien, Madame. Camomille, menthe, tilleul, verveine ?

M.P. : Menthe, n'est-ce pas, chérie ?

Barman : Et vous, Monsieur ?

M.P. : Oh, je ne sais pas.

Barman : Vous préférez les long drinks ou les cocktails classiques comme l'Alexandra ?

M.P. : C'est avec du campari et du vermouth...

Barman : Ah non, Monsieur. Vous pensez à l'Américano. L'Alexandra est fait avec 1 cuillerée de crème fraîche, un tiers de crème de cacao et deux tiers de cognac, le tout servi dans un double verre à cocktail.

M.P. : Eh bien, c'est ce que je prendrai. Vous mettrez tout sur ma note d'hôtel. Pregnard, chambre 312.

Barman : Pouvez-vous signer ici, s.v.p. ? Merci.

Remarques :

Hotel Sofitel Paris ****
8 à 12, rue Louis-Armand, 75738 Paris Cedex 15
Téléphone : 554.95.00 - Télex : 200432
SIREN 722.023.280

BAR

Le Montgolfier

FACTURE
N°

```
*LE MONGOLFIER*    ·
        OCT.26'84

6686 MGL/EXT. 23

   1 APERITIF      60.00
   1 ARNST         68.00
   1 BAMBOU        60.00
1795 NV.SOLDE              188.00


                          188.00

1797 ESPECES
```

NET A PAYER

N° de chambre :

Nom du Client :

Signature :

SICH PARIS 1626

2. Les cocktails

En remontant dans l'histoire, il semble que la première boisson que l'on pourrait qualifier de cocktail, soit l'hydromel, « la boisson des Dieux », qui était constitué de vin cuit additionné de miel. Cette boisson était essentiellement consommée par les peuples d'origine germanique, y compris nos ancêtres les Gaulois. Quant au Grecs et aux Romains, ils additionnaient traditionnellement leurs vins de liquides divers.

Au cours des siècles, de nombreuses boissons à base de mélange de différents alcools se retrouvent, la plupart ont une vocation médicinale.

En ce qui concerne l'origine du mot cocktail, on ne peut prétendre à la rigueur scientifique, du fait de la part importante de folklore qui s'y rattache. Pour les Charentais, le mot « coquetel » date du XIVe siècle et semble être la première appellation du Pineau des Charentes ! Autre version, le cocktail étant souvent très coloré du fait du mélange des alcools qui le composaient, il s'agirait donc de la déformation du terme « queue de coq ». Certains affirment même que le coke-ale était une boisson dopante pour les coqs de combat !

Il faut attendre le XIXe siècle pour voir apparaître aux États-Unis le mot cocktail, qui est défini comme une boisson stimulante. La véritable vogue de ces boissons se développera avec la Belle Époque, où les nombreux bars « américains » les servaient à profusion et déjà apparaissaient les noms de cocktails devenus classiques (Perroquet, Porto-Flip, Alexandra, Bloody-Mary, Gin-Fiz, etc.).

Les cocktails peuvent être présentés dans un petit verre, il s'agit alors de short drinks, ou dans des contenants plus importants, les long drinks. Ils peuvent être servis chauds, les hot drinks, ou versés dans un verre rempli de glaçons, c'est-à-dire « on the rocks ». En tout état de cause, la force des cocktails est constituée par leur extrême variété et, dans ce domaine, l'imagination des barmen et des consommateurs est sans limite.

Les boissons de l'été

Force est de constater que, depuis quelques années, les boissons alcoolisées traditionnelles, du vin au whisky en passant par le cognac, les eaux-de-vie de fruits, le cidre, etc., connaissent une désaffection certaine de la part des consommateurs. Les causes de cette baisse de consommation sont multiples et l'on peut citer pêle-mêle : les changements d'habitudes alimentaires, la forte taxation de ces produits, le renforcement des mesures antialcooliques.

Bien évidemment, ce fait a eu des répercussions importantes sur l'activité économique des sociétés productrices et a amené une réflexion en profondeur afin de réconcilier l'alcool et les consommateurs tout en restant dans le cadre d'une consommation modérée.

Aujourd'hui, de nouvelles perspectives semblent se dégager et cela grâce à la vague croissante des cocktails, qu'ils soient consommés en short drink ou en long drink. Ainsi, on s'aperçoit que la communication vers le grand public des fabricants et des producteurs de boissons alcoolisées s'axe sur une consommation de celles-ci dans le cadre des cocktails. Ce fait nous a semblé suffisamment important pour présenter à nos lecteurs un certain nombre de ces cocktails dont la consommation, surtout pour les long drinks, se fait en été.

Pour ce faire, et afin de mettre en avant ces boissons originales, spectaculaires et désaltérantes, nous avons organisé, en profitant de la très grande expérience et de l'imagination sans cesse renouvelée des barmen des différents hôtels Sofitel, une dégustation de cocktails [...].

Les réalisations des barmen étaient appréciées selon trois critères : l'apparence (couleur, décoration) ; l'arôme ; le goût et l'arrière-goût.

Philippe des Roys du Roure
Gault-Millau

DOUCEUR DU SUD

Franck Garcia,
Sofitel Marseille Vieux-Port
Verre : flûte à champagne
• 3/10 Passoa (liqueur Passion)
• 6/10 Peter Heering (liqueur cerise) • quelques gouttes de sirop d'orgeat
• finir au champagne
Décoration : • cerise à l'eau-de-vie • ananas frais

TSAR

Stéphane Kuppert,
Sofitel Lyon
Verre : tumbler
• 3/10 vodka Zubrowka
• 3/10 jus d'ananas
• 2/10 Péché Mignon
• 1/10 sirop de fraise
• 1/10 jus de citron vert
Décoration : • tranche de citron vert • cerise au marasquin
• ananas

AWALE

Tanou Kouakou,
Sofitel Abidjan
Verre : flûte à champagne
• 3/10 poire William's
• 3/10 crème Bailey's
• 4/10 jus d'ananas
Décoration : • ananas frais
• cerise à l'eau-de-vie
• feuilles de menthe fraîche
Gault-Millau

 Au bar

1er dialogue

A. Répondez aux questions

1. Pourquoi les clients viennent-ils au bar?
2. Qu'est-ce qu'ils boivent à part les boissons alcoolisées?
3. Qu'est-ce que le barman sert avec les boissons?

B. Redites le dialogue

2e dialogue

A. Répondez aux questions

1. Pourquoi est-ce que la dame ne prend pas de boissons alcoolisées? Qu'est-ce qu'elle prend?
2. Le monsieur connaît-il bien les cocktails classiques? Justifiez votre réponse.
3. Est-ce qu'il paie tout de suite? Expliquez la situation.

B. Redites le dialogue

C. Transformez les dialogues

1. Étudiez la carte de boissons (p. 106). Recommandez des boissons aux clients (deux messieurs; une jeune fille; un couple, etc.). Décrivez à un client les cocktails que vous connaissez bien.
2. Regardez la facture (p. 103) et essayez de l'expliquer et de la présenter à un client.
3. Posez la question sur le mode de paiement :
   — sur la note d'hôtel;
   — par chèque;
   — en espèces.
4. Faites varier le mode de paiement du client et les sommes à payer.

 Les cocktails

A. Répondez aux questions

1. Quelles sont les différentes origines du mot cocktail?
2. Quelles sont les raisons de la baisse de consommation d'alcool?
3. Quels sont les objectifs des sociétés productrices d'alcool?
4. Citez les critères de cette dégustation de cocktails.

B. Écrivez

Transformez les recettes ci-dessus en utilisant des verbes à l'impératif.

Apéritifs 60

Portos, Sherry 60

Gins et Vodka 64
Booth's, Gordon's, Beefeater, Tanqueray,
Wyborowa, Moskowskaya

Scotch Whiskies 64
J & B, Cutty Sark, Johnnie Walker Red,
Ballantine's, Black & White, Haig, Bell's

Old Scotches 76
Dimple, Chivas, Black Label, Buchanan,
Ballantine's, White Heather de luxe

Malt Whiskies 72
Dewar's, Glenfiddich, Glen Grant, High
Knockando 12 ans

American Whiskies 64
Jim Beam, Wild Turkey, Four R
Kentucky Tavern, Harper, Old F

Bières et Sodas 60
Française
Étrangère
Soda, Tonic, Coc

Contenance Porto
Alcool, Anis

PRIX N

Les cocktails

Classiques 60
Alexander, Bacardi, Bloody Mary, Rusty Nail,
Daiquiri, Gibson, Gimlet, Grasshopper,
Manhattan, Martini Dry, Old Fashioned,
Orange blossom, Pink Lady, Rob Roy, Side Car,
Screwdriver, Stinger, Vodkatini, White Lady

Long drinks 60
Gin Fizz, Pimm's n° 1, Singapore Sling,
Tom Colin's, Cobbler, Harvey Wallbanger,
Negroni, Cuba libre, Mandarine Tonic,
Gin Tonic, Cointreau Tonic

Au Champagne 68
Champagne Cocktail, Champagne Cobbler, Black Velvet,
Mimosa, Barbottage

Sans Alcool

Pussy Foot 60
Orange, Pamplemousse, Ananas, Grenadine

Fresh Tolino 60
Orange, Orgeat, San Pellegrino

Coco Beach 60
Jus d'orange, Crème de coco, Sirop de menthe

Tarifs applicables de 22 h à 2 h

PRIX NETS

Exotiques

Pacific Sea 60
Rhum blanc, Cointreau, Pamplemousse, Curaç

Caraïbes 64
Vodka, Curaçao Bleu, Pamplemousse, Maras

Bambou (Antillais) 60
Rhum brun, Curaçao orange, Goyave, Orge

Philoos (Réunionnais) 64
Rhum blanc, Abricot Brandy, Fruit de la Passio

Savane (Africain) 60
Cognac, crème de banane, citron, soda

Caipirinha (Brésilien) 64
Cachaça dés de citron vert, Sirop de canne

Nos créations
Montgolfier 72
Eau de vie de framboises, Cassis, Pamplemousse
Sucre, Champagne

CBE 64
Jus d'orange, Abricot Brandy, Marasquin,
Fraise des Bois, Champagne

France 3 64
Cointreau, Vodka, Fraise des bois, Citron, Pamplemou

Planter's Sofitel 60
Rhum brun, Marasquin, Orange, Ananas, Grenadine

Louis Armstrong 68
Gin, Mandarine Napoléon, Pamplemousse, Grenadine
Bitter Lemon

Suzie Strike 64
Jus d'orange, Suze, Marasquin, Fraise des bois

Bianca 64
Jus d'orange, Abricot Brandy, Fraise des bois, Champagn

PRIX NETS

After dinner

Cognac
Domaine de Lafont, Courvoisier V.S.O.P. Delamain, Rémy Martin	70
Courvoisier Napoléon, Camus Napoléon, Salignac Napoléon, Martell Cordon Bleu	72
Hennessy Paradis 150	

Armagnac, Calvados, Marc 64

Eaux de Vie
Mirabelle, Framboise, Kirsch 64
Williamine Morand 70

Liqueurs 64
Tia Maria, Grand Marnier, Cointreau,
Get Pippermint, Drambuie, Mandarine Impériale,
Bénédictine, Chartreuse, Marie Brizard

Champagne
La coupe "Moët et Chandon"	64
Moët et Chandon	380
Mumm Cordon Rouge	380
Bollinger	430
Dom Ruinart Rosé	500
Dom Pérignon	550
Cristal Roederer	600

LE MONTGOLFIER

cocktail-bar

jazz

Cours sur le vin

1. Savoir parler des vins

1.1 Chez un marchand de vins

Jean : Je voudrais deux bouteilles de beaujolais nouveau.

March. : Ah! Cette année, il est particulièrement bon!

Jean : Mon ami Helmut est étranger. Il voudrait vous demander des renseignements sur les vins.

March. : Bien, bien ... vous vous intéressez aux vins français. Voulez-vous goûtez ce beaujolais?

Helmut : Avec plaisir, je ne connais pas très bien les vins ...

March. : Il faut les choisir pour qu'ils se marient avec les plats, avec ce que vous mangez. Tenez, ce beaujolais est parfait avec un fromage de chèvre, par exemple. Il faut savoir aussi lire les étiquettes qui sont sur les bouteilles. **L'étiquette** vous renseigne sur le vin : sur **la région** (de Bordeaux, de Bourgogne, de Touraine, d'Alsace, etc.), sur **l'année** de **la récolte** et sur le nom du **propriétaire** ou du **village** et sur **l'appellation.**

Helmut : Que veut dire AC?

March. : Cela signifie « Appellation Contrôlée » et cela veut dire que le vin est produit dans une certaine région, que la production est limitée en quantité et soumise à un contrôle de qualité.

Helmut : Que veulent dire les lettres «VDQS»?

March. : Cela veut dire **«Vin Délimité de Qualité Supérieure».** Ce sont des vins de bonne qualité soumis à tous les contrôles.

Helmut : Quelles autres appellations y a-t-il encore?

March. : Il y a encore **les vins de pays,** ce sont de bons vins **sans coupage,** qui sont soumis à des analyses et en plus il y a **les vins ordinaires,** dit **«de table».** Ce sont des vins d'origine d'un terroir défini et de coupage choisi. Ils ont aussi un degré d'alcool minimum et sont analysés régulièrement.

Helmut : Oui, je vois, et quels sont les meilleurs vins?

March. : Cela dépend des goûts. Il y a des vins «légers», des vins «fruités» et des vins «corsés». Ce qui est important, c'est surtout la concordance entre vins et plats, comme je vous le disais tout à l'heure.

Remarques :

Savez-vous lire les étiquettes?
Quelles sont les informations que vous donnent les étiquettes ci-contre?

1.2 Concordance entre vin et plat

Il existe une règle générale :

- On sert **du vin rouge** avec **de la viande rouge** (avec du bœuf, du mouton, du gibier : canard sauvage, cerf, chevreuil, faisan, sanglier, lièvre).
- On sert **du vin blanc** avec **de la viande blanche** (avec du porc, du veau, de la volaille, du poisson et aussi des huîtres et des coquillages).
- Avec les viandes blanches, on sert aussi **des vins rouges légers** (surtout en France).
- Avec la plupart **des fromages**, on sert **du vin rouge** mais pas de champagne.
- Avec **le dessert**, on apprécie **le champagne, le Porto** et **les vins de liqueurs** (liquoreux).

 ## 1.3 Quel vin choisir ?

Client : Et avec ça, qu'est-ce qu'on va boire ?

Maître d'hôtel : Pour votre hors-d'œuvre froid je vous conseille un vin blanc sec comme le Sylvaner d'Alsace.

Client : Très bien, d'accord. Et avec le faisan rôti ? Il faut plutôt un vin rouge ... Qu'est-ce que vous en pensez ?

Maître d'hôtel : Si je peux me permettre, nous avons un excellent Bordeaux — un Saint-Emilion — qui est assez bouqueté et qui en plus est d'une bonne année.

Client : Bon, apportez-nous une bouteille. Nous vous faisons confiance.

Remarques :

_____

_____

_____

_____

_____

_____

 ## A savoir !

Comment marier les vins et les mets

- *Poissons, huîtres, coquillages ou crustacés :* vins blancs secs, mousseux blancs secs.
- *Entrées et hors-d'œuvre :* vins blancs secs ou demi-secs, vins rosés.
- *Viandes et volailles :* vins rouges bouquetés et pas trop corsés.
- *Gibier :* grands vins rouges corsés, généreux et puissants.
- *Fromages :* grands vins rouges, grands millésimes avec les fromages fermentés ; vins blancs de pays avec les fromages doux à pâte molle.
- *Foie gras :* selon ses goûts ; grands vins rouges ou grands blancs liquoreux.
- *Desserts sucrés :* champagne demi-sec, mousseux, vins liquoreux, vins doux naturels.
- *Fruits :* vins blancs liquoreux, vins doux naturels, champagne demi-sec.

— *Un repas sans vin est une journée sans soleil.* —

1.4 Servir le vin « dans les règles »

Verres

Surtout pas de verres de couleur qui empêchent d'admirer la robe du vin. Mais des verres blancs, fins, à pied.

A chaque vin son verre

BOURGOGNE   BORDEAUX   ALSACE

La température d'un vin

Doit-on « CHAMBRER » le vin ?

Ce terme devrait être banni du langage. Il avait sa raison d'être quand les appartements et les maisons étaient, l'hiver, à 16° C, température qui convenait à la plupart des vins. Aujourd'hui, où l'on chauffe les appartements jusqu'à 22° C, mettre les vins à la température de la pièce revient à les dénaturer complètement.

A quelle température doit-on servir les vins ?

— Les **vins blancs** et **rosés** doivent être servis **frais,** cela veut dire 8 à 12° C.
— Les **vins rouges** sont servis **« chambrés »,** entre 15 et 18° C.
— Le **champagne** est servi à une température de 6 à 7° C à peu près.

La décantation ou le décantage

Sans parler de l'acte solennel du sommelier, voici les deux raisons principales pour lesquelles on « transvase » de bouteille en carafe : éliminer les dépôts et permettre au vin de s'oxyder. Le vin à décanter est presque toujours un vin rouge. La décantation a autant de partisans que d'adversaires. L'oxydation risque de « tuer » un très vieux vin dont l'équilibre est toujours d'une extrême fragilité. En s'aérant, un jeune vin un peu dur peut s'arrondir et perdre une partie de ses défauts.

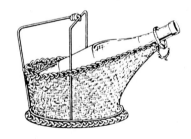

Le plus souvent, il suffit de déboucher les bouteilles une ou deux heures à l'avance pour que le vin s'oxyde, ou même de le verser dans les verres dès le début du repas.
Reste aux sommeliers de connaître suffisamment les vins de leur cave pour en choisir celui qui doit être décanté.

Une bonne cave

La cave doit être un lieu clos, sombre et aéré. La température variera le moins possible d'un bout à l'autre de l'année : de 10 à 17° C maximum.
Une bonne cave ne sera pas trop humide ni trop sèche. Bien sûr, dans une cave à bon vin on ne mettra aucun aliment (fruit, légume), qui risquerait de donner mauvais goût aux vins.

Faut-il acheter du vin

pour le faire vieillir?

Guy Langlois: *Quelle est pour un amateur la principale raison d'avoir une cave?*

René Picolet: Il y en a de nombreuses. D'abord, financièrement, vous êtes pour ainsi dire gagnant à tous les coups. Ensuite, quand vous avez une cave bien garnie, vous avez le privilège, pour chaque repas, de pouvoir choisir le vin le plus adapté aux mets que vous servez. Il y a le plaisir du collectionneur; il y a aussi celui qu'on éprouve à l'idée que toutes ces bouteilles évoluent, qu'il faut guetter le moment où chacune d'elles va arriver à maturité...

G. L.: *Mais n'est-ce pas précisément là la difficulté?*

R. P.: Evidemment. Mais soyons clairs, je vous en prie. Il ne faut pas confondre une cave et un garde-manger dans lequel on empile des boîtes de conserves. Les caves sont réservées à ceux qui aiment réellement le vin et les joies qu'elles offrent en retour sont d'autant plus intenses.

G. L.: *Avez-vous un secret pour bien garnir une cave?*

R. P.: C'est de ne pas acheter n'importe quoi. Remplir une cave, c'est miser sur certains vins. Il est donc souhaitable qu'ils ne soient pas trop chers à l'achat et qu'ils aient toutes les chances de se bonifier en vieillissant.

G. L.: *Y a-t-il des règles précises pour bien acheter un vin destiné à aller en cave?*

R. P.: Un grand vin arrive toujours plus lentement à maturité qu'un petit vin, mais en revanche, il reste toujours beaucoup plus longtemps au sommet de son épanouissement. De même un grand millésime exige plus de temps qu'un petit pour arriver à maturité. Il y a un adage plein de bon sens qui conseille d'acheter ses grands vins dans les petits millésimes et ses petits vins dans les grands millésimes!

G. L.: *Une bonne cave ... c'est combien de bouteilles?*

R. P.: Une très belle cave d'amateur, c'est sept à huit cents bouteilles ... Avec ça, vous pouvez faire des miracles!

G. L.: *Je vous remercie.*

Propos recueillis
par Guy Langlois.
GAULT-MILLAU

*Le vin n'est pas seulement
un produit agricole:
c'est aussi une œuvre d'art.*

111

A conserver, le guide de la décennie et de que

	1990	1989	1988	1987	1986	1985	1983	1982	1981	1979
Bordeaux blancs moelleux	18,5	19	18	13	18	14	18	14	14	15
	▲	▲	▲	●	▲		○▲	●	●	
Médoc-Graves	18	18,5	18	14	18	17	16	19,5	15	15
	▲	▲	▲	●	▲	○▲	○	▲	●	◑
Pomerol Saint-Émilion	17,5	19	17,5	14	17	18	16	18,5	15	14
	▲	▲	▲	●	▲	○▲	●	▲	●	◑
Bourgogne rouge	17,5	18	16	14	15	17	16	12	12	15
	▲	▲	▲	●	○	▲○	●	▼	▼	●
Bourgogne blanc	18	18,5	17	14	17	15	16	17	15	17
	▲	▲	▲	●	○	●	●		▼	▼
Beaujolais	18	19	17	13	13	18	18			
		●	●	▼		◑	▼			
Champagne	En vieillissement				14	18	16	17	15	
					▲	▲	●		▼●	
Alsace	19	19	18	14	14	17	19	14	16	
	▲	▲	○	▼	▼	●	●	▼	●	
Côtes-du-Rhône	17,5	18	17	12	13	18	18	14	13	
	▲	▲		▼	▼	▲	●	▼	▼	
Loire	18,5	19	18	12	14	17	17	16	14	
	▲	●	●	▼	▼	●	◑	●	▼	

LÉGENDES • DE GARDE • SUR LE DÉCLIN • GRANDE FORME • COMMENCE A S'EXPRIMER • COMMENCE A DÉCLINER

▲ ▼ ● ○ ◑

s glorieuses années antérieures.

1976	1975	1971	1970	1969	1967	1966	1964	1962	1961	1959	1955	1953	1949	1947	1945
17	17	15	17	12	19	15	14	17	16	18	16	16	17	19,5	19
●	○	●		▼	●	▼	▼								
15	15	15	17	11	14	16	15	17	20	17	17	18	18	18	20
			▼	▼	▼	▼	▼	○▼							
14	16	17	15	11	13	15	15	16	20	17	17	18	18	18	20
		●		▼	▼	▼	▼	▼●							
16		17	10	16	12	16	16	15	16	17	15	14	18	17	18
▼			▼												
15	11														
▼															

TEMPÉRATURES IDÉALES DE DÉGUSTATION

Remarque générale : * *La température du vin monte vite, très vite dans le verre.*

12° : *rouges légers* (type Beaujolais, vins de gamay…).

14° : *rouges* (soit un degré de moins de ce qu'on dit habituellement : on y gagne un maximum de saveurs).

16° : *vieux rouges.*

12° : *blancs et rosés* (un degré « trop peu » est toujours préférable : un vin blanc refroidi à 8°, servi dans une pièce à 23° se retrouve très vite à 11°).

14° : *grands blancs* (comme le souhaite un Grand Cru de Bourgogne de 7 à 10 ans).

10° : *Champagne* (soit une quinzaine de minutes dans un seau rempli de glaçons).

8° : *liquoreux* (leur richesse alcoolique autorise à ce qu'on les frappe).

**bannissez le verbe « chambrer » de votre vocabulaire.*

Cotation sur 20 des « bons » millésimes de 1990 à 1945

1.6 Le langage du vin

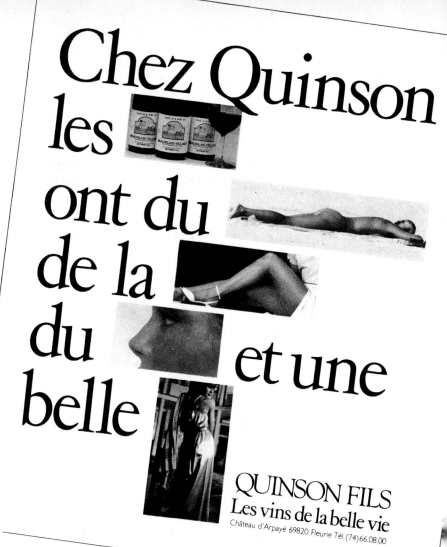

Chez Quinson
les ont du
de la
du
belle et une

QUINSON FILS
Les vins de la belle vie
Château d'Arpayé 69820 Fleurie Tél.(74)66.08.00

 Quelques qualificatifs

	(+)	(—)
1. **La couleur:** On parle de **la robe** d'un vin.	clair brillant rubis pourpre	fané éteint trouble
2. **L'arôme:** On parle du **bouquet**, du **nez** d'un vin.	bouqueté parfumé fruité	plat bouchonné
3. **Le goût** peut être défini:	plein velouté tendre liquoreux épicé	aigre acide (acerbe)
4. **La richesse en alcool:** On parle de **la vinosité,** du **corps** d'un vin.	capiteux corsé puissant nerveux gouleyant léger	plat froid
5. **La richesse en sucre** est caractérisée par:	sec ou doux liquoreux suave	doucereux dur pâteux
6. **L'âge** du vin:	primeur (vin nouveau) nouveau (vin de la dernière vendange) de la jambe (solide, bon à boire) épanoui (tout juste à boire avant qu'il soit trop tard)	

1.7 La carte des vins

Client : Vous avez la carte des vins ? Ah ... Merci ... Voyons un peu. Vins blancs ... Champagnes ... Ah voilà ... vins rouges.

Maître d'hôtel : Nous avons un Châteauneuf-du-Pape qui est très bon, Monsieur.

Client : Oui, mais il est assez capiteux. Vous n'avez pas quelque chose d'un peu moins généreux ? Un petit vin de pays ?

Maître d'hôtel : Si, Monsieur. Nous avons la réserve maison, ici. C'est un vin rouge très naturel, tendre et léger.

Client : Très bien. Je l'essaierai.

Maître d'hôtel : Je vous apporte une bouteille ?

Client : Non, Monsieur, une demi-bouteille.

Remarques :

_____

_____

_____

1.8 Réclamations sur le vin

Maître d'hôtel : Si Monsieur veut bien goûter ...

Client : Hm ... Dites-moi, il y a quelque chose qui ne va pas avec ce vin. Il a un goût de bouchon très net. Tenez. Goûtez.

Maître d'hôtel : Pardon, Monsieur ... L'odeur seule est significative. Excusez-nous, Monsieur. Je vous apporte tout de suite une autre bouteille.

Client : Il est bon, très bon même, mais pas assez frais.

Maître d'hôtel : Nous venons juste de le monter de la cave et il n'est pas encore resté assez longtemps à la glace.

Client : Laissez-le encore quelques minutes avant de servir. Je vous ferai signe.

Maître d'hôtel : Bien, Monsieur.

Comment répondre à des reproches sur le vin

Vous pouvez vous trouver dans l'une des situations suivantes :

Reproche	Excuse possible	Ce que l'on fait
Le vin est trouble.	Aucune.	On change la bouteille.
Dépôts (au fond de la bouteille).	Le vin est généreux.	On propose de décanter.
Goût acide.	Le client vient de manger citron, vinaigre ou moutarde.	On demande au client de goûter à nouveau après avoir mangé du pain ou bu de l'eau.
Goût de soufre.	Mauvais traitement du vin.	On vérifie et on change la bouteille.
Goût de bouchon.	Le vin a mal vieilli.	On vérifie et on change la bouteille.

2. Le vignoble français

La France produit entre 58 et 68 millions d'hectolitres de vin par an.

La Bourgogne

Le nom seul est, pour le monde entier, synonyme de « vins magnifiques ».

La Bourgogne viticole se divise en cinq régions :

Chablis qui produit des vins blancs, secs, très fins et fruités.

Côte-d'Or forme la partie la plus glorieuse de la Bourgogne avec *Pinot noir, Chambertin* pour les vins rouges et *Chardonnay, Meursault* pour les vins blancs.

Côte chalonnaise autour de la ville de Chalon-sur-Saône a les cépages autorisés de la Côte-d'Or ainsi que l'appellation « Bourgogne aligoté ».

Mâcon est le centre du vignoble mâconnais à prédominance de vins blancs *(Pouilly, Mâcon),* toutefois, les vins rouges et rosés font d'excellents vins assez corsés mais agréablement fruités *(Mâcon supérieur rouge...).*

Beaujolais : c'est le sol granitique du Beaujolais qui permet au cépage « Gamay » d'exprimer au maximum tout son charme et son fruité. Le Beaujolais est le type parfait du vin carafe qui doit être servi frais — un privilège pour un vin rouge. Quelques crus : *Saint-Amour, Moulin-à-Vent, Fleurie.*

Pour mieux apprécier les vins de Bourgogne, il est préférable de les consommer jeunes, bien qu'ils se gardent longtemps — quelques-uns jusqu'à 50 ans et plus.

Le sud-ouest de la France avec Aquitaine et Bordeaux

Les vins de Bordeaux comptent parmi les plus appréciés de France.

« Château » est le terme caractéristique pour indiquer l'origine des vins de Bordeaux.

Les vignobles les plus connus sont :

Médoc : surtout des vins rouges ; *Château-Margaux, Château-Latour, Château-Lafite-Rothschild.*

Graves : vignobles autour de Bordeaux, surtout des vins blancs ; *Château Haut-Brion.*

Sauternes : vins blancs ; *Château d'Yquem.*

St-Émilion : vins rouges ; *Château Cheval Blanc.*

Pomerol : vins rouges ; *Château Pétrus.*

La Côte du Rhône

est connue pour ses vins de table rouges et blancs entre Vienne et Avignon.

Vins rouges : *Châteauneuf-du-Pape.*

Vins blancs : *Château Grillet, Hermitage.*

Languedoc, Provence, Roussillon

Ces vins rouges ordinaires et vins blancs sucrés se trouvent autour de Montpellier, Narbonne, Perpignan (en Languedoc).

Le Champagne

autour de Reims et Épernay, on produit surtout le « Champagne » ; les marques les plus connues sont : *Pommery et Gréno, Veuve-Cliquot, Moët-et-Chandon.*

L'Alsace

offre surtout des vins blancs, par exemple : *Riesling, Pinot, Sylvaner, Gewürztraminer.*

Val de la Loire

Le fleuve est le lien de ces nombreux rouges, rosés et blancs provenant de climats, terrains et cépages fort variés. Toutefois, ces vins possèdent en commun l'élégance, la grâce infinie et le charme de la « doulce France ». Voici quelques AOC : *Sauvignon, Sancerre, Vouvray, Saumur, Muscadet.*

Situez dans votre carte de France (p. 107) les régions viticoles décrites et numérotez-les. Choisissez des noms de vins français ; essayez d'indiquer leur provenance et de donner une petite caractéristique (si c'est possible).

3. Le poids des préjugés, le choc des fausses certitudes

On ne s'ennuie jamais à écouter nos contemporains enfiler des perles sur le vin. Florilège :

« Les blancs donnent mal à la tête. »
Pas plus que l'eau minérale s'ils n'ont pas été chargés en soufre (qui cogne effectivement la cervelle). Globalement, cette pratique régresse. Des vins « sans soufre » ou « presque sans soufre » apparaissent sur le marché. N'oubliez pas en revanche que l'acidité élevée de certains vins blancs (Loire, Alsace, Coteaux-de-Toul, vins allemands) peut gêner votre sommeil si vous en buvez trop le soir.

« Il y a du sucre au fond de la bouteille : c'est un vin chaptalisé. »
Chaptaliser, c'est ajouter du sucre pour qu'il se transforme en alcool et relève artificiellement le degré du vin. Les beaujolais et les bourgogne ont été justement désignés du doigt pour trop d'abus. Réaction : de délicieux beaujolais non chaptalisés sont désormais vendus chez les cavistes (voir magazine n° 260). Mais en aucun cas, le dépôt au fond de la bouteille ne signale la présence de sucre. Il s'agit d'une précipitation naturelle (tartre), due à l'âge ou au passage dans une ambiance froide. Plutôt bon signe : cela vaut mieux qu'une filtration qui décharne le vin en enlevant toutes les particules.

« On ne change pas de vin. Je ne supporte pas les mélanges. »
Le plus tenace et le plus faux des préjugés. Vous aurez l'estomac léger et la tête claire en accompagnant chacun des plats de votre repas d'un verre d'un vin différent et bien adapté. Mais si vous liquidez deux bouteilles d'un Saumur-Champigny équivoque sous prétexte que « ça va avec tout », vous aurez un réveil difficile. Vous changez de plat ? Changez de vin, ça vous changera la vie...

« Les champagnes de grande marque sont forcément meilleurs que ceux des petits propriétaires. »
Rien à voir. Il y en a de très bons des deux côtés. Et de très mauvais. Voyez notre Palmarès des 86.

« Un petit bordeaux léger, s'il vous plaît ! »
Expression apparue dans les déjeuners d'affaires des années 80. Qu'on qualifie de « léger » un vin non chaptalisé qui flirte avec les 10°, d'accord. Mais pas un bordeaux à 12° 5 avec sa concentration de tanins. Quant à « petit », cela doit signifier « pas cher ».

« J'ai mis le Meursault dans le freezer et le Saint-Émilion sous le radiateur. On va se régaler. »
Le Meursault n'aura plus de goût. Quant au Saint-Émilion, il ne sentira que le bois et l'alcool. Servez-les tous deux à des températures proches, de 12 à 15°, sortie de cave.

« Un Banyuls? Surtout pas, tous les vins cuits sont trafiqués. »
Propos tenu par une jeune fille de vingt ans, par ailleurs charmante. L'expression « vin cuit » remonte à l'avant-guerre (mondiale, pas celle du Golfe), mais elle a traversé les cuisines de génération en génération. Étonnant phénomène. Le Banyuls n'a évidemment rien à voir, et il s'agit sans doute d'une des appellations les moins trafiquées qui soient.

« A votre santé ! »

P.C.

4. Textes

De vigne en verre

La *culture* de la *vigne* et le traitement du raisin pour en faire du vin font partie des plus anciennes performances culturelles de l'humanité. On a trouvé en Mésopotamie des *résidus* de *moût* et des *pressoirs* qui datent de 8 à 10 mille ans. C'est de là, de l'Orient donc, que la vigne et la connaissance de sa culture ont été transmises aux Européens. Lors de l'extension des cultures méditerranéennes, les Grecs, les Phéniciens et finalement les Romains introduisirent le *pied* de vigne chez les peuples du Nord et de l'Occident. La culture de la vigne joua un rôle important dans les efforts que déployèrent les occupants romains pour *sédentariser* les *peuplades* gauloises et germaniques.

En Gaule cependant, la vigne était déjà bien connue; les Grecs qui avaient fondé Marseille, la ville la plus importante de la Méditerranée occidentale, avaient aussi introduit la connaissance de cette nouvelle culture dans le pays, bien avant les Romains. C'est probablement des efforts romains que naquit la forme primitive du *cep* de Bourgogne. Mais il y a deux mille ans de cela, et la France est devenue maintenant le premier producteur mondial de vin, et cette production compte parmi les facteurs économiques les plus importants.

En France, la surface des *coteaux* s'étend sur 1,2 million d'hectares et le traitement et la fabrication du vin occupent environ un million de viticulteurs. En une année moyenne, le pays produit 70 millions d'hectolitres de vin. Il ne s'agit évidemment pas là que du fruit des meilleurs pieds. En effet, les vins de table représentent le *pourcentage* le plus important.

Les statistiques prouvent que chaque citoyen français boit environ 140 litres de vin par an. Un quart seulement de la quantité totale est classé selon des lois sévères : en haute qualité et qualité supérieure. C'est ce pourcentage réduit qui est à la base de la renommée légendaire du vin français.

La loi vinicole datant de 1935 y est pour une part considérable. Celle-ci procure aux viticulteurs la *marge* nécessaire qui leur permet d'atteindre la meilleure qualité de vin possible dans leur zone de culture. D'autre part, elle garantit aux consommateurs une grande variété de vins typiques du pays ainsi que la certitude de s'être procuré des qualités d'origine. Toujours d'après cette loi, cinq pour cent de la quantité de vin produite annuellement satisfont aux exigences imposées aux vins classés VDQS (Vin Délimité de Qualité Supérieure), vingt pour cent peuvent être classés parmi les AOC (Appellation d'Origine Contrôlée) et le reste est vendu en tant que vin de table. VDQS et AOC sont les qualifications les plus importantes *cernées* par cette loi.

Les méthodes de travail de longue tradition se sont ouvertes aux techniques nouvelles, mais en France on tient à préserver une certaine note traditionnelle. Cependant deux exemples nous montrent très clairement que la France, ce pays vinicole si classique, a fait d'énormes progrès en *œnologie*.

Dans certains pays on trouve encore souvent des viticulteurs qui prennent à leur charge le déroulement complet du commerce du vin, qui va de la culture et de la *taille* de la vigne jusqu'à *l'écoulement* du produit sur le marché en passant par les *vendanges,* le *pressurage* et le traitement du vin, en France c'est différent : le vigneron cultive la vigne et en remet le fruit aux caves. Après le pressurage, les vins de caractères différents y sont mélangés de façon à créer un produit de qualité. C'est là que nous trouvons les techniques de travail modernes, mais on les trouve aussi dans les nombreuses caves coopératives. Evidemment il existe encore le viticulteur qui correspond à l'image romantique que nous nous faisons du vigneron traditionnel, celui qui *foule* encore le raisin les pieds nus pour en extraire le *moût*. Mais même ce dernier ne peut se dérober au développement des techniques modernes.

Les *cuves* en *acier* inoxydable garantissent un maniement hygiénique et surtout conforme à la préservation de la qualité des vins doux spécialement sensibles à l'air et à la température. Le contrôle de la fermentation des vins blancs est plus simple. Quand il s'agit de faire fermenter et de traiter les vins rouges, les grandes caves ont encore volontiers recours aux *tonneaux*. En effet, au cours de la maturation du vin, le chêne lui donne son goût typique. Le client exige que l'origine d'un vin lui garantisse un certain goût. Dans certaines régions, on cueille encore les grappes, puis on *moud* prudemment le raisin à la main, mais même les caves de grand renom du Bordelais ou de la Bourgogne ont introduit l'emploi du *pressoir continu* et de l'*égrappoir-fouloir*. Les maîtres de *chai* considèrent qu'il est important d'appliquer le savoir-faire moderne tout en conservant l'art traditionnel.

A part les techniques modernes dans ce domaine, d'autres idées nouvelles sont imposées par le marché vinicole international. En effet, la France se trouve en concurrence permanente avec l'Italie et l'Espagne, chaque pays produisant une quantité sensiblement égale. Il semblerait cependant que le pourcentage des vins de qualité supérieure soit plus élevé en France. Dans ces trois pays, on vend les vins de table bon marché en quantité telle que l'État doit en racheter le *surplus* pour le distiller. Pour *sauvegarder* les possibilités d'écoulement des vins français, il est donc indispensable de maintenir le produit de qualité. C'est aussi la raison pour laquelle on a créé les « Vins de Pays ». Comme pour les autres mises en bouteilles des vins AOC et VDQS, l'État impose ici aussi des normes sévères. C'est grâce à l'œnologie moderne que ces vins ont un tel succès. Ainsi nous pouvons apprécier maintenant la synthèse du métier traditionnel et des méthodes scientifiques.

Le cognac

L'eau-de-vie de Cognac est le produit naturel des vins récoltés et distillés dans la région de Cognac (département de la Charente, au nord de Bordeaux).

C'est un alcool qui mûrit dans des tonneaux de chêne du Limousin (Limoges).

Le cognac possède un bouquet très prononcé que le temps ne fait que développer.

Les bons cognacs sont généralement le résultat de mariages harmonieux de cognacs d'âges et de crus différents.

L'authenticité du cognac est garantie et son appellation protégée par des normes très strictes.

Chablis et la vallée de l'Yonne

Les vignobles de Chablis couvrent les coteaux calcaires disposés sur les deux rives d'une charmante rivière au nom évocateur, le Serein. Les vignobles de la vallée de l'Yonne, qui produisent d'excellentes appellations régionales, se situent dans le quadrilatère formé par les communes de Saint-Bris, Coulanges, Irancy et Chitry, au sud d'Auxerre.

On se demande parfois pourquoi le vignoble de Chablis se trouve séparé de la Bourgogne viticole par une distance d'environ 100 kilomètres? Ce détachement en avant-garde fut causé par les ravages du phylloxéra qui, à la fin du XIXe siècle, détruisit l'ensemble d'un vaste vignoble couvrant tous les coteaux jusqu'à ceux de la Côte d'Or et dont les vins régalaient depuis longtemps les habitants de la Capitale. Lorsque la pérennité de la vigne fut enfin assurée par les techniques du greffage, on ne replanta que les surfaces les plus aptes à produire régulièrement des vins de haute qualité. Le vin de Chablis est maintenant, pour les amateurs du monde entier, le type — et même le symbole — d'un grand vin français, blanc et sec. Sa finesse et sa légèreté, sa robe vert pâle, sa fraîcheur et sa vivacité en font un excellent accompagnateur de ces fruits de mer, de ces coquillages ou même de ces « cochonnailles » qu'on aime à servir au début d'un repas.

5. Le champagne

Dans le monde entier, le champagne est souvent associé à l'idée que donne la France :

Savez-vous que
— le champagne est un vin mousseux qui se distingue cependant de tous les autres ;
— la méthode champenoise est longue et compliquée ; il faut environ 3 à 5 ans entre la vendange et la vente pour préparer un champagne ;
— il existe du **brut** (léger et vif), du **sec,** du **demi-sec** et du **doux** (sucré) ;
— le champagne doit être bu en coupes ou en flûtes.

On compte cent cinquante maisons (ou marques). Nous vous proposons un arrêt chez Pommery, chez Mercier où il y a 200 000 visiteurs par an. On boit une flûte gratuite avant de prendre le petit train qui tourne le long de 18 km de caves ! La température y est constante et les bouteilles sont couchées et régulièrement tournées pour que le bouchon ne sèche pas.

Le champagne peut être bu — agréablement — à toute heure du jour : comme apéritif ou avec le dessert et même pour accompagner tout un repas d'un bout à l'autre (surtout le blanc de blanc).

C'est en « Bouteilles » (75 cl) ou en « Magnum » (2 bouteilles) que le champagne présente ses qualités optimales.

En dix formats

Le champagne est proposé déjà vieilli, prêt à la consommation. Il est disponible dans dix bouteilles de grandeurs différentes selon les besoins: le Quart (18,7 cl), le Demi (37,5 cl), la Bouteille 75 cl (six à huit verres), le Magnum (2 bouteilles), le Jeroboam (4 bouteilles), le Rehoboam (6 bouteilles), le Mathusalem (8 bouteilles), le Salmanasar (12 bouteilles), le Balthasar (16 bouteilles) et le Nabucondonozor (20 bouteilles). Les très grands formats ne sont livrables que sur commande.

Un vin royal et unique: le champagne

Le champagne est un vin blanc d'assemblage, issu de trois cépages dont un seulement est blanc, les deux autres rouges. Pour le blanc il s'agit de *Chardonnay,* pour les rouges de *Pinot noir et Pinot meunier.* Lors des vendanges, le raisin est cueilli avec le plus grand soin. Les grains abîmés ou peu mûrs sont éliminés. Quatre mille kilos de raisins donnent 2666 litres de jus de raisin. Le moût est obtenu dans des pressoirs spéciaux. La première fermentation se fait dans de grandes cuves, rarement encore en fûts de chêne. Au printemps suivant la vendange, le vin est filtré. Suit le moment crucial et décisif, la dégustation, puis les œnologues procèdent à l'assemblage, à la création des cuvées. Des vins de différentes provenances et d'années différentes sont mélangés.

C'est là que la subtilité et l'art de l'homme interviennent pour obtenir une cuvée de grande classe. La récolte d'une année exceptionnelle — 1986 semble en être une — est utilisée dans sa pureté pour obtenir un millésime.

Lorsque la cuvée est composée, le vin est mis en bouteilles, après avoir ajouté une petite quantité de sucre de canne et de ferments. Le champagne trouve sa place dans les grandes caves souterraines, fraîches et obscures, taillées dans la craie. Couché sur « lattes », le champagne continue à mûrir. La lente transformation du sucre sous l'effet des ferments suscite la prise de mousse. C'est ce phénomène naturel qui, lors du débouchage, donnera les fines bulles et la mousse légère si caractéristiques. Une seconde fer-

mentation provoque, après un long séjour dans la cave, la formation d'un dépôt dans la bouteille. Grâce à un procédé spécial, l'élimination de ce dépôt se fait en gardant le vin dans sa bouteille. C'est l'opération de remuage — chaque bouteille est remuée chaque jour par des mains talentueuses — et le dégorgement. Le vin est ensuite complété par une liqueur de dosage qui permet d'obtenir le type de vin désiré (brut, sec, demi-sec). La bouteille reçoit son bouchon, son muselage, son habillage. Elle est prête pour l'expédition. Rarement avant trois ans (la loi permet la commercialisation pour un non-millésimé après un an de repos dans les caves). Souvent c'est cinq ans. Et voilà, la fête peut commencer !

NOBLES CRUS ET GENTILS VINS DE TOURAINE

Le grand géographe Jean Brunhes a bien raison d'écrire: « La Touraine est un pays à vins par excellence. Outre les crus célèbres, il n'est pas un paysan qui n'y ait un peu de vigne. Le vin clair et brillant accompagne partout le clair et brillant langage, le si pur français de cette France de Loire »

La Touraine a, en effet, ce privilège soigneusement maintenu par nos vignerons de produire non pas « UN vin » mais « DES vins » dont la variété et la qualité permettent de satisfaire les palais les plus exigeants. Ces vins, dont la fraîcheur s'harmonise avec celle du paysage ont cependant des caractéristiques communes: une grande finesse, beaucoup de fruit et de bouquet. Moins corsés, moins riches que d'autres grands crus français, ils sont plus légers, plus délicats, plus subtils. Ils demandent à être soignés comme une fleur, aimés comme une femme.

Qu'ils soient blancs, rouges ou rosés, ces vins ont droit le plus souvent à l'appellation « Touraine ». Il faut y ajouter certaines appellations particulières: Touraine-Amboise, Touraine-Azay-le-Rideau, Touraine-Mesland, etc.

Route du vin

Le vin d'Alsace a conquis ses lettres de noblesse depuis longtemps. Le présent circuit n'a d'autre but que de vous faire découvrir quelques villes et villages typiques où, au plaisir de la découverte architecturale ou historique, se joindra celui de la dégustation de nos crus. Les quelque 12.000 ha du vignoble alsacien offrent une gamme de cépages capables de combler les palais les plus délicats. Ces vins accompagnent avec bonheur les plats alsaciens qui, sous une rusticité apparente, cachent des trésors de finesse et de savoir-faire. Et pour finir en beauté, n'oublions pas les alcools blancs qui n'ont pas usurpé leur réputation. Tout ceci forme un itinéraire exceptionnel qu'il serait dommage de ne pas suivre !

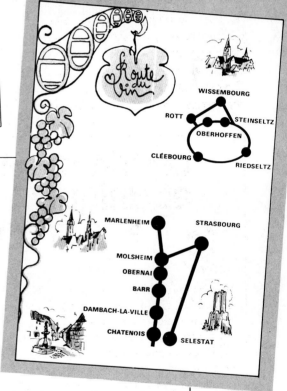

Les vins californiens

L'industrie du vin, en Californie, ne s'embarrasse pas d'appellations contrôlées et ne connaît qu'une sanction: le goût du consommateur.

On ne rencontre pas beaucoup de Français en Californie et on n'entend pas souvent parler français. Mais tout de suite, certaines choses paraissent avoir un air français. Comme le pain et le vin, par exemple.

Les vins californiens sont maintenant célèbres dans le monde entier. J'ai goûté des vins blancs, rouges et rosés, du «champagne» aussi. Ils sont quelquefois très bons. Sur les étiquettes, des noms français: Chablis, Beaujolais, etc. Les plants viennent de France et ont gardé leur nom. Ces vins sont produits suivant les meilleures traditions françaises.

«Ici, dit un distributeur, je peux commander 4 ou 5 millions de caisses d'un même vin. En France, ce serait impossible de trouver une telle quantité d'une même appellation.»

Résultat, le consommateur américain découvre avec plaisir et intérêt ses propres productions. Des «tours» sont organisés dans les vignobles, les «tasting» comptent aujourd'hui parmi les distractions favorites. S'ils continuent par habitude de s'appeler beaujolais, chablis et champagne, les vins de Californie ne cherchent plus tellement à singer leurs cousins français.

Ils acquièrent qualité, personnalité et respect.

Et si une vague de vins californiens venait noyer le marché français?

«On n'en est pas là. Bien sûr, les Japonais ont réussi à vendre des montres en Suisse. Du moins leurs prix étaient-ils les plus bas du marché ...» comme le fait remarquer un œnologue.

Sophie Décosse

LE VIGNOBLE LE PLUS CELEBRE DU MONDE

Le pays bordelais est le pays du vin par excellence. Et quel vin ! Ce vin qui lui donne une âme et lui vaut un nom connu internationalement.

Ce pays, il faut le parcourir pour se rendre compte à quel point chacun de ses villages est intimement lié à la vigne.

Cette vigne qui crée le paysage et le change selon les saisons.

En effet, quelle différence entre un Médoc et un Saint-Emilion, un Graves et un Pomerol, un Entre-Deux-Mers et un Sauternes ? Les viticulteurs ont inventé un langage pour mieux en parler.

Car en bordelais, on parle du vin avec cœur et lyrisme. C'est ainsi que selon les années, il peut avoir du corps, de la race, du fruit, du caractère, être gouleyant, coulant, souple, mœlleux, nerveux, bouqueté, séveux, d'une grande distinction, avoir du cachet ou de la finesse, sa robe peut être d'or ambré s'il est «Sauternes», d'or pâle s'il est vin blanc de Graves ou d'Entre-Deux-Mers, avoir toutes les nuances de la pourpre pour les vins rouges.

Il peut être un grand cru classé (suprême noblesse), cru bourgeois, château ou domaine mais, toujours, il est d'appellation d'origine contrôlée.

Pour les connaisseurs...

Coq au vin

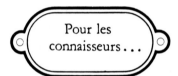 30 mn

Pour 6 personnes

Ingrédients

1 coq de 1,5 kg environ - 250 g de lard fumé - 250 g de petits oignons - 250 g de champignons - 1 bouteille de vin rouge d'Anjou - 2/3 de verre de cognac - 1 morceau de sucre - 1 cuillerée de farine - 1 bouquet garni - beurre - croûtons passés au beurre - sel, poivre.

Préparation

Nettoyez les petits oignons et faites-les sauter dans la cocotte avec du beurre. Lorsqu'ils sont à moitié cuits, ajoutez le lard (ou le bacon) découpé en dés. Faites rissoler quelques minutes. Egouttez le tout avec une écumoire et réservez.

Dans la même cocotte, placez le coq coupé en morceaux et, lorsque les morceaux sont bien dorés, flambez avec 1/2 verre de cognac. Saupoudrez avec une cuillerée de farine et mouillez avec le vin rouge d'Anjou (qui doit couvrir la volaille). Ajoutez le bouquet garni, le sucre. Assaisonnez avec du sel et du poivre. Laissez mijoter doucement 25 à 30 minutes en laissant le couvercle de la cocotte.

Entre-temps, lavez soigneusement les champignons, faites-les sauter dans une poêle avec un mélange de beurre et d'huile, et réservez-les.

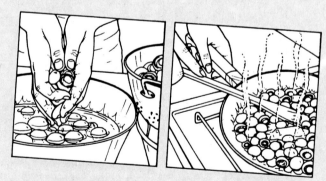

Lorsque le coq est cuit, ajoutez champignons, lardons et petits oignons. Rectifiez l'assaisonnement si nécessaire et ajoutez le cognac restant. Laissez mijoter quelques secondes.

Servez dans la cocotte, accompagné de petits croûtons rissolés au beurre.

VINS DU ROUSSILLON : COMME DES BORDEAUX, COMME DES PORTOS

Le Roussillon sec et chaud est par excellence le pays de la vigne, qui occupe aujourd'hui près de la moitié des terres cultivées. Depuis toujours, elle produit des raisins sains, colorés, riches en sucre. Longtemps voué aux vins doux naturels, le Roussillon, grâce aux immenses progrès de la technique des producteurs, a vu ses efforts couronnés par l'attribution de l'Appellation d'Origine Contrôlée, comme les plus grands crus.

A.O.C. : « Côtes du Roussillon »

Depuis peu, les choses ont changé. Les progrès de la technique ont permis d'aménager des caves de surface climatisées, donc toujours fraîches, avec une température constante : les deux conditions nécessaires à la bonne évolution du vin et à sa conservation. Pour répondre aux goûts du consommateur qui préfère les vins légers aux vins lourds, les vignerons ont planté de nouveaux cépages et transformé leur méthode de vinification. Mieux encore, désormais on « élève » le vin, c'est-à-dire qu'on surveille son évolution, ce vin bénéficie désormais depuis peu de l'Appellation d'Origine Contrôlée, comme les plus grands crus. Il y a d'ailleurs deux appellations que vous retrouverez sur l'étiquette : Côtes du Roussillon pour les rouges, blancs et rosés et Côtes du Roussillon Villages (la fine fleur) pour les meilleurs rouges.

Les vins de pays

Bien entendu, les vins de cette région ne portent pas tous l'appellation « Côtes du Roussillon » ou « Côtes du Roussillon Villages » : il faut pour cela conjuguer un terroir délimité, des cépages bien définis, et des méthodes de vinification particulièrement étudiées. Une part beaucoup plus importante de la récolte est classée « Vins de Pays » : ce sont des vins de tous les jours, alors que les autres sont plutôt des vins du dimanche.
Vous les trouverez dans le commerce entre 8 et 12 F la bouteille.

Les vins blancs sont faits avec des raisins vendangés alors qu'ils ont encore une fine pointe d'acidité. Cette technique donne des vins clairs, légers, frais et fruités, bien différents des autres blancs du Midi souvent très lourds et musqués. A boire jeunes et bien frais.

Les vins rosés ont une belle couleur d'un rose soutenu avec des reflets mordorés ; ils sentent la framboise. Ils sont ronds et corsés, bien équilibrés avec une agréable pointe d'amertume. A boire jeunes et frais. Méfiez-vous cependant car à bonne température, ils se boivent comme du petit lait.

Les rouges

Leur robe grenat, sombre mais brillante a des reflets rubis ou pourpre ; ils sentent bon la framboise ou la cerise et prennent en vieillissant une pointe de parfum de réglisse et de vanille. Ils sont chauds, corsés, fruités, nerveux avec toujours beaucoup de finesse. Les meilleurs évoquent les Bordeaux (les Graves, en particulier) ou les Côtes du Rhône nord dans le style de l'Hermitage. Mais aucun d'entre eux n'a intérêt à vieillir trop longtemps dans votre cave. Leur âge optimal varie entre 3 et 5 ans. Ils accompagnent viandes et fromages et même le gibier pour les plus corsés.

Le bon âge des vins doux

Le muscat doit être bu très jeune : c'est entre 6 mois et un an qu'il est au mieux de sa forme. Son parfum et sa saveur fruités sont alors à leur maximum, on croirait, en en savourant une gorgée, croquer le raisin fraîchement cueilli.
Les autres doivent vieillir : ils y gagnent en velouté, en gras, en opulence. Ils ne peuvent d'ailleurs pas sortir de la cave du récoltant avant 1 an d'âge, la plupart sont vendus entre 1 an ½ et 2 ans. Mais l'étiquette peut aussi porter les mentions « Vieux Banuyls » (ou Rivesaltes) c'est une garantie d'au moins 4 ans d'âge, « Très Vieux » : 8 ans d'âge, « Hors d'âge » : 12 ans d'âge.

Les vins français sont-ils menacés par les vins étrangers?

Attention à la furia italienne! Les blancs sont les plus menacés.

Distinguons les problèmes : d'une part la place des vins étrangers en France, de l'autre celle des français à l'étranger. Dans l'Hexagone, sans le Porto (considéré dans les statistiques comme un « spiritueux », triste symbole!), les importations représentent moins de 1 % de la consommation de vin. La société bordelaise William Pitters de Bernard Magrez en assure les trois quarts. Elle le doit au célèbre Sidi Brahim algérien qui représente à lui seul près d'un tiers de toute la consommation de vins étrangers en France (les ventes se tassent, d'où une nouvelle présentation plus valorisante). Ajoutez-y les Guerouanne et autres Boulaouane, et vous constaterez qu'une bouteille immigrée sur deux est maghrébine. Rien de clandestin. Et rien d'étonnant quand on voit les charters de bons vivants qui envahissent les restaurants à couscous.

Suivent les Espagnols, avec une forte poussée de la Rioja, les Italiens (Chianti surtout, et pas mal de Valpolicella), et en outsider le Portugal. « Les Portugais nous vendaient du rosé : aujourd'hui les vins rouges, ceux de Dao par exemple, rencontrent de plus en plus de succès », explique Nathalie Portés de William Pitters. Pour elle, il s'agit de l'évolution récente la plus notable en dehors du phénomènes de mode, comme ce vin soviétique (rouge…) qui a fait les grands soirs des hypermarchés. Dans cet univers, la part des vins étrangers de haut niveau est évidemment très faible, mais elle est en constante augmentation. Des importateurs de la nouvelle génération comme Fingrapp ou Transandine connaissent un développement rassurant, grâce à des vins peu connus venus d'Argentine, du Chili, d'Afrique du Sud, d'Italie ou d'ailleurs qui offrent un rapport qualité/prix particulièrement intéressant. De quoi satisfaire votre curiosité d'amateur : mais rien qui mette en cause l'écrasante domination française sur son terrain.

Tout autre est la situation au-delà de nos frontières, dans les pays essentiellement importateurs. A Munich, près de la Marienplatz, célèbre pour les automates de son horloge médiévale. Dallmeyer, le super-Fauchon munichois, accueille les fins gourmets bavarois. Dans la grande boutique, des vins allemands bien sûr, pour plus de la moitié. Un peu de vin sud-africain (« Fleurs du Cap », assez bon marché), des Rioja espagnols, quelques californiens et chiliens. Et des rayons entiers de vins français et italiens : un tiers de la demande. Le combat se joue là, entre transalpins, entre les deux premiers producteurs de vins du monde. La même image, vous la retrouverez à Atlanta, à Copenhague ou à Lausanne. Pour le moment, les italiens, en tête pour le volume, sont largement dépassés en chiffre d'affaires, les vins français étant les plus coûteux. Mais peu à peu, la balance s'équilibre. Des bouteilles prestigieuses, très chères et très bien présentées, venues de Toscane ou du Piémont, commencent à concurrencer nos médocs et nos bourgognes. Les blancs français sont les plus vulnérables. Il y a beaucoup de technique dans un vin blanc jeune : le savoir-faire des Italiens, des Bulgares et autres Australiens leur permet aujourd'hui de titiller nos bordeaux ou nos loire. Il y a aussi la question de l'acidité : le style très vif des muscadets peut surprendre un public nouveau attiré par des vins à la vivacité adoucie comme le sont les Pinot Grigio ou Soave italiens. La lutte est dure. Le gel d'avril dernier pourrait se révéler catastrophique : certains blancs français seront absents des marchés pendant une saison. Laissant la place aux autres.

La France demeure première partout.

Surtout en qualité. Méfiance pourtant.

Il reste dans la mémoire des Olympiades Gault-Millau un souvenir douloureux pour notre honneur national. Il remonte à une douzaine d'années quand un catalan (Gran Corona de Torrés) avait battu à l'aveugle le Château-Latour 70. Quelques années plus tôt, le Britannique Steven Spurrier avait organisé une dégustation au cours de laquelle le cabernet-sauvignon californien de Stag's Leap avait distancé quelques crus classés du Médoc. Il existe des dizaines d'exemples de ce type, où l'on a vu un champagne surclassé par un spumante, un sancerre éliminé par un sauvignon de Californie, un sauternes doublé par un sémillon botrytisé australien... Mais il ne s'agit en fait que d'exceptions — auxquelles on peut trouver des explications ponctuelles. Il est toujours possible de démontrer qu'un bourgogne de négoce portant une étiquette de Grand Cru est moins bon qu'un chardonnay exotique : il est d'abord et surtout mauvais par lui-même. Qu'on le remplace par un autre bourgogne, d'un grand négociant scrupuleux cette fois, et on verra la différence. La France paie dans ces cas-là le prix de sa structure d'appellation. Parfois, c'est le jury qui peut être discuté : nous sommes rarement d'accord par exemple avec les appréciations données sur les blancs par les spécialistes américains, fussent-ils journalistes de renom. Enfin, un vin peut se « goûter mal » un jour ou, à l'inverse, connaître une période d'épanouissement exceptionnelle. C'est ce qui était arrivé à Latour et à Torrés : aujourd'hui, qui oserait répéter que le Grand Corona vaut l'extraordinaire Latour 70, qui s'est fait attendre vingt ans pour révéler ses charmes ?

Rassurez-vous donc, les TGV (très grands vins) français gardent une avance incontestée. Seul le Vega Sicilia espagnol a été admis dans les grandes ventes aux enchères londoniennes avec nos Crus Classés. Et il n'est guère que les Jerez, les Porto Vintage, les madères qui accèdent à leurs côtés au saint des saints des grandes collections vineuses. Quant aux dégustations à l'aveugle donnant leurs chances à des vins similaires venus de tous les pays, nous en possédons, grâce aux Olympiades, une expérience qui n'a que peu d'équivalent. Pour nous, pas de doute. A un moment donné, la concentration, le terroir, la finesse, la fraîcheur s'effacent derrière un concept global... Élégance, équilibre, harmonie ? Quel que soit le mot choisi, il recouvre une réalité qui demeure globalement l'apanage des vins français. Et cela ne se limite pas aux classiques bordelais ou bourguignons : Touraine et Jurançon, Madiran et Alsace, Coteaux-d'Aix et Languedoc ont réussi de superbes performances face à des étrangers autrement huppés. Vous en trouverez une nouvelle confirmation dans nos prochaines Olympiades. Parler crus aujourd'hui, c'est donc encore parler français. Premier producteur en valeur, notre pays l'était également devenu en volume devant l'Italie... mais le millésime 91 devrait laisser nos voisins reprendre la tête sur le plan quantitatif. Mettons quand même un bémol à ces cocoricos. La vraie dégustation des consommateurs scandinaves ou hollandais ne porte pas sur la comparaison entre deux chardonnays. Elle est bien plus un choix entre deux types de vin à prix identique remplissant le même rôle. Quel blanc sec à 20 F avec des moules marinière ? Alors là, on a le choix entre un touraine, un muscadet... mais aussi un chardonnay roumain, un sauvignon italien, un chenin sud-africain. Quel rouge à moins de 50 F avec l'osso buco ? Pas sûr du tout qu'un français gagne.

P.C. Gault-Millau / septembre 1991.

Dialogues

1. Comment proposer un vin ? Choisissez un menu français et conseillez le(s) vin(s) correspondant(s).
2. Le client n'est pas satisfait du vin qu'on lui a servi : Imaginez plusieurs dialogues (voir tableau p. 115).
3. Présentez la carte des vins reproduite p. 107.

Répondez aux questions

1. A quoi servent **les étiquettes** sur les bouteilles de vin ?
2. Quelles **appellations** connaissez-vous ?
3. Est-ce que vous recommandez un vin seulement d'après son appellation ?
   Comment les vins sont-ils **contrôlés ?**
   Quels sont les meilleurs vins ?
4. Parlez de **la concordance** entre vin et plat.
5. Comment **servez**-vous **le vin ?**
6. Parlez de **la cave** idéale.
7. Parlez de **la température** des vins.
8. Quels **qualificatifs** de vins connaissez-vous ?
9. Donnez les noms de quelques **vins français** et indiquez leur provenance.

10. **De vigne en verre :**
    a) Comment la connaissance de la vigne a-t-elle été transmise aux Européens ?
    b) Quelle a été l'influence des Grecs, des Phéniciens et surtout des Romains dans la culture de la vigne en France ?
    c) Combien d'hectolitres de bon vin français produit-on chaque année ?
    d) Quel est le vin qui représente le pourcentage le plus important dans la récolte totale ?
    e) Quel est le pourcentage des vins de bonne qualité ou de qualité supérieure ?
    f) Qu'est-ce que la loi vinicole prescrit aux viticulteurs ?
    g) Expliquez les termes VDQS et AOC. Quelle quantité du vin français mérite ces classifications ?
    h) Comment est-ce que les vignerons cultivent leurs vignes ?
    i) Quelle est la différence entre les cuves en acier et les tonneaux de chêne ?
    j) Quels sont les pays européens qui produisent à peu près la même quantité de vin que la France ?
    k) Pourquoi a-t-on créé les « vins de pays » ?
11. Décrivez ce qu'est le **champagne.**
    Parlez de sa production.
    Quand et comment servez-vous le champagne ?
12. Qu'est-ce que le **cognac ?**
13. **Vins du Roussillon :** Résumez chaque paragraphe.

14. **Attention à la furia italienne :**
    a) Combien représente l'importation de la consommation de vin en France ?
    b) Quel est le vin étranger qui couvre l'essentiel de cette importation ? Comment le journaliste explique-t-il la préférence pour ce vin ?
    c) Établissez le palmarès des pays vendeurs de vin en France.
    d) La domination française à l'intérieur de ses frontières est-elle menacée ?
    e) Quelle est la situation du vin français en dehors de l'Hexagone ?
    f) Les deux premiers producteurs de vin du monde possèdent des caractéristiques différentes. Quelles sont-elles ?
    g) Ces différences ont tendance à s'estomper. Pourquoi ?
    h) Pourquoi les vins blancs français sont-ils en danger sur le marché ?

15. **La France demeure première partout...**
    a) Quelles sont, selon l'article, les raisons pour lesquelles certains grands crus français ont pu être distancés par des vins étrangers il y a quelques années ?
    b) Quel problème soulève la fin de l'article ?

Références photographiques

9   Lagrange-vacances.
50   Pierre et vacances.
55   ÖBV.
105   ÖBV.
107   ÖBV. Gault Millau.
115   Gault Millau.

Références des textes

9   Dialogue adapté de *De vive voix,* première partie, leçon 10 dialogue 2 « à l'hôtel »; Marie-Thérèse
         Moget et Pierre Neveu, Cours Crédif, Didier 1975.
20 et 50 Mazetti, *Technologie hôtelière,* Éd. Jacques Lanore.
61 à 63, 73, Lichet, *Les Français à table,* Éd. Hachette.
79, 95
64/65   Lichet, *Cuisine facile,* Éd. Hachette.
65/66   *Elle,* 100 fiches de cuisine.
66 (bas) Ginette Mathiot, *Cuisine de tous les pays,* Éd. Albin Michel.
72   Courtine, *La gastronomie dans le monde,* Que sais-je? Presses Universitaires de France.
92/93   Bard, *Pour lire, pour rire,* Éd. Hachette.
93/94 (haut) Quenelle/Tournaire : *La France dans votre poche,* Éd. Hatier.
94 (bas) Lanchy, *Destination Paris,* Éd. Hachette.
97 (haut)
117   Gault Millau, septembre 1991.
118   Écoute, DR.
121   Sophie Décosse, Express.

Achevé d'imprimer par CLERC S.A.
18200 Saint-Amand-Montrond - Tél. : 48-96-41-50
N° éditeur : 10019872-II-(18)-(CSB90)
Dépôt légal : Décembre 1993